本书得到以下资助：

▶ 国家自然科学基金项目阶段成果（编号 71663018、编号 71463016）

▶ 湘西自治州旅游发展和外事侨务委员会资助

吉首大学中国乡村旅游研究院、旅游与管理工程学院《乡村旅游研究丛书》得到以下单位或平台的资助与支持，特此致谢：

▶ 张家界市旅游和外事侨务委员会

▶ 湘西自治州旅游发展和外事侨务委员会

▶ 湖南雪峰山生态文化旅游有限责任公司

▶ 湖南西部经济研究基地

▶ 湖南民族经济研究基地

▶ "武陵山片区扶贫与发展"湖南省 2011 协同创新中心

▶ 吉首大学应用经济学湖南省重点学科

乡村旅游研究丛书

Development Report on the Tourism
Poverty Alleviation in
Wuling Mountain Area

李定珍　张琰飞　鲁明勇　等◎著

武陵山片区
旅游扶贫发展报告

中国财经出版传媒集团

 经济科学出版社
Economic Science Press

图书在版编目（CIP）数据

武陵山片区旅游扶贫发展报告 / 李定珍，张琰飞，
鲁明勇等著．—北京：经济科学出版社，2018.4
　（乡村旅游研究丛书）
　ISBN 978-7-5141-9225-4

　Ⅰ．①武…　Ⅱ．①李…　②张…　③鲁…　Ⅲ．①山区 –
乡村旅游 – 旅游业发展 – 扶贫 – 研究 – 中南地区②山区 –
乡村旅游 – 旅游业发展 – 扶贫 – 研究 – 西南地区　Ⅳ．
①F592.7

中国版本图书馆 CIP 数据核字（2018）第 067610 号

责任编辑：范　莹
责任校对：徐领柱
责任印制：李　鹏

武陵山片区旅游扶贫发展报告
李定珍　张琰飞　鲁明勇　等著
经济科学出版社出版、发行　新华书店经销
社址：北京市海淀区阜成路甲 28 号　邮编：100142
总编部电话：010-88191217　发行部电话：010-88191522
网址：www.esp.com.cn
电子邮箱：esp@esp.com.cn
天猫网店：经济科学出版社旗舰店
网址：http://jjkxcbs.tmall.com
北京季蜂印刷有限公司印装
710×1000　16 开　11.25 印张　170000 字
2018 年 4 月第 1 版　2018 年 4 月第 1 次印刷
ISBN 978-7-5141-9225-4　定价：45.00 元
（图书出现印装问题，本社负责调换。电话：010-88191502）
（版权所有　侵权必究　举报电话：010-88191586
电子邮箱：dbts@esp.com.cn）

粟　娟　吉首大学旅游与管理工程学院工会主席、教授

丁建军　吉首大学商学院副院长、教授

彭　耿　吉首大学商学院副院长、教授

李　琼　吉首大学湖南省院士专家工作站站长、教授

伍育琦　吉首大学旅游与管理工程学院人力资源管理系主任、教授

姚小云　吉首大学旅游与管理工程学院旅游管理系主任、副教授

李小玉　吉首大学旅游与管理工程学院酒店管理系主任、副教授

周　波　吉首大学旅游与管理工程学院电子商务系主任

主编

张建永　吉首大学原正校级督导、吉首大学中国乡村旅游研究院院长、教授

尹华光　吉首大学旅游与管理工程学院院长、吉首大学中国乡村旅游研究院副院长、教授

执行主编

鲁明勇　吉首大学旅游与管理工程学院副院长、吉首大学中国乡村旅游研究院常务副院长、教授

副主编

董坚峰　吉首大学旅游与管理工程学院副院长、副教授

田金霞　吉首大学旅游与管理工程学院副院长、教授

张琰飞　吉首大学经济研究所所长、吉首大学中国乡村旅游研究院院长助理、副教授

蔡建刚　吉首大学旅游与管理工程学院院长助理、吉首大学中国乡村旅游研究院院长助理

李付坤　吉首大学民族经济研究所所长、吉首大学中国乡村旅游研究院院长助理

责任单位

吉首大学中国乡村旅游研究院

吉首大学旅游与管理工程学院

总　序

一、乡村旅游是时代赋予我们的全新而又重要的研究课题

中国迈进全面小康社会指日可待，旅游已经成为人民日益增长的美好生活需要的重要组成部分，特别是大众化、个性化、高品质旅游，成为小康社会的重要标志。中国人均出游次数连年增长，2017 年已达 3.7 次，每年有近 50 亿人次的巨量旅游市场。旅游业位列"五大幸福产业"之首，成为传承中华文化、提升国民素质、促进社会进步的重要载体，成为生态文明建设的重要推力，带动大量贫困人口脱贫致富，绿水青山正通过发展旅游转化为"金山银山"。但由于发展的不平衡不充分，中国的旅游业尚处于粗放型旅游向集约型旅游发展、高速旅游增长向优质旅游发展。从城市、"飞地"景区、乡村旅游的三元空间结构来看，中国城市的环境、心理承载力已近极限，雾霾、拥挤、生存竞争与焦虑对城市旅游提出了巨大挑战；名山大川、文化古迹、历史名镇等"飞地"型旅游景区，经过多年发展，可供开发资源接近枯竭，人满为患，旅游投资与消费的空间越来越窄；再看中国乡村旅游，在改革开放初期就有倡导，但一直不温不火，城市化进程初期，乡村是被抛弃、被逃离之地，直到今天，城市人开始梦"乡愁"，对"飞地"型旅游景区的拥挤喧闹不再热情，乡村的价值终于显现，乡村旅游迎来大发展的春天。

当前，我们从不同角度观察会发现，乡村旅游为中国经济社会转型升级过程中各种问题的解决提供了一个良好路径。例如，旅游空间拓展问题，当"飞地"型旅游景区资源枯竭时，我们向乡村拓展旅游空间，全域旅游基地建设选择大部分是乡村；城市旅游客源输出的问题，当"飞地"型旅游景区人满为患时，人们选择避开热门景区，去乡村旅游；资本市场的投资问题，当城市地价和房地产市场政府管控越来越严时，我们看到许

多资本以乡村旅游项目的名义签约拿地、抢夺乡村旅游资源；供给侧改革问题，政府引导，企业运作，充分发挥创新创造的智慧，开发出门类繁多的旅游新业态、旅游新供给，满足乡村旅游需要；贫困村的脱贫致富问题，只要在生态或文化上稍有特色，就会规划开发乡村旅游；规划发展农村综合经营、农业产业园区、美丽乡村、农村电商等建设问题，就会提出"旅游+"或"+旅游"实现融合发展。但是，今天中国的乡村旅游已经与十年前甚至五年前的那种"农家乐""城郊游"等不可同日而语，与国外乡村旅游也有很多差异，凸显出乡村旅游的中国特色。例如，中国倡导和推进的"一带一路"倡议，形成鲜明的国际国内旅游线路一体化特色，给沿线的乡村带来机遇；中国乡村旅游精准扶贫的全部门推动特色；"互联网+"、大数据、人工智能、云技术助推乡村旅游的"后发优势"特色；以高速交通连接形成的立体交通网络系统，加快了旅游城乡融合一体化发展的进程。这些新战略、新形势、新技术、新变化为发展乡村旅游带来了前所未有的契机。

面对转型时代的新问题新特色，2017年12月16日，湖南省旅游发展委员会陈献春主任在吉首大学中国乡村旅游研究院成立大会上指出，乡村旅游发展问题特别需要产学研联合起来进行研究。比如，发展乡村旅游的专业性问题，怎么实施科教兴旅游、人才强旅游战略，加强旅游人才规划和旅游学科建设，建立一支专业化的乡村旅游人才队伍，为乡村旅游发展增强后劲。比如，如何把握乡村旅游大趋势带来的挑战问题，以游客在城乡全域空间流动创造新价值为推动力，是把"绿水青山"变为"金山银山"的过程，这让乡村旅游与工业化一样，成为推动经济社会发展的一种重要方式。又比如，新时代呼唤乡村旅游创客，如何以文化创意促进乡村振兴，充分发挥文化创意在乡村旅游转型升级中的引领作用，突出围绕乡村旅游各要素特别是特色住宿、餐饮、购物、娱乐等短板，保护生态，植入文化、创新业态，挖掘富有创意和魅力的文创产品，不断增加农业公园、共享农庄、特色小镇和田园综合体等乡村旅游新产品供给。再比如，旅游业是一个最早开放的行业，乡村旅游的国际交流合作和培养国际化人才都需要深入研究。还有实施乡村旅游精准扶贫工程，开展"景区带村"旅游扶贫，提高乡村旅游目的地社会治理能力，等等，这一系列重大问题都值得深入研究。

二、乡村旅游研究是吉首大学发挥地方资源优势，彰显办学特色，形成学术竞争力的研究领域，也是学校服务地方发展，助推乡村振兴的历史使命

吉首大学开办在武陵山集中连片特困区的湖南大湘西，这里远离大城市，是典型的老、少、边、穷山区。在 60 年的办学历程中，吉首大学生于贫瘠，长于艰难，立于创新，成于奋斗，始终坚持"立足大湘西，辐射大边区，服务富民强省"宗旨，本着"清华北大要解决的是卫星上天的问题，吉首大学要解决的是贫困边区老百姓脱贫致富问题"的朴素认识，彰显服务民族贫困地区扶贫与发展的特殊价值。湖南武陵山区自然风光优美、生态环境良好、历史文化厚重、民族风情浓郁，是中国"绿色生态优质区、自然物种密集区、历史文化沉淀区、山水风光富集区"，拥有大量具有唯一性、独特性、创新性和创意性的旅游资源，张家界、芙蓉镇、凤凰古城已成为旅游知名品牌。如何进一步将旅游资源优势转化为产业优势，脱贫致富，一直是吉首大学科学研究的重点领域，是人才培养和服务地方建设的主攻方向。

吉首大学有研究乡村旅游的自信。一是有乡村地域优势。谈政治，在北京；说金融，去上海；扯电商，进杭州；若讲乡村旅游，不必到纽约、中国香港，更不在北京、上海，应该在湘西，在湘西的乡村。大武陵、大湘西，不仅拥有驰名中外的张家界这样的顶级风景，还拥有驰名中外的沈从文这样的乡土文学家，这里是最记得住乡愁的地方，是最值得回望的永远故乡。吉首大学研究乡村旅游有文化根基，有天然沃土。二是有旅游研究实力支撑。《旅游学刊》2017 年第 12 期发表了中国旅游研究院旅游学术评价研究基地首席科学家张凌云教授的《2003-2016 年我国旅游学术共同体学术评价》一文，文章用 13 年的大数据（2003-2016 年收录在中文核心期刊数据库、CSSCI 数据库和 CSCD 数据库中的 22619 篇旅游学术论文为全样本），对全国 935 种学术刊物、18773 名作者和所属的 3899 家机构进行多维度学术评价和排名，吉首大学旅游综合研究实力全国排名第 13 位、湖南省排第 1 位；论文发表全国排名第 24 位、湖南省排第 1 位。这是学校在精准研究领域，长期深耕地方旅游特色优势资源，从而形成学术竞争实力的结果。武陵山区缺乏工业强力支撑，也没有规模城市，唯有秀美山水、纯净空气、淳朴山民的乡村，吉首大学就是要讲乡村故事，讲旅游故事，做透做足乡村旅游研究，这是我们独占的、应有的、容易形成优势的学术领域。

中国共产党十九大提出实施乡村振兴战略，预示着乡村旅游将迎来新一轮大发展的战略机遇期。在这样的大背景下，吉首大学以只争朝夕、时不我待的精神状态拥抱新时代，抢抓机遇。在 2017 年 12 月，成立了中国乡村旅游研究院，是学校贯彻落实党的十九大精神，实施乡村振兴战略，加快培育乡村旅游人才，推动乡村旅游发展的重要举措。现在推出的这套《乡村旅游研究丛书》就是通过乡村旅游研究院这个平台，整合全校旅游研究资源，合力攻关，探讨乡村旅游发展面临的一些新情况、新问题，进一步提升学校旅游研究竞争力的大行动。我们将以大湘西为立足点，梳理乡村旅游的湖南案例，认真总结，精心提炼，深入研究，出好成果，将好经验好模式向省内推广，向全国推广，提供中国乡村旅游发展的湖南模式、湖南经验、湖南贡献，唱响中国乡村旅游研究的湖南声音。

三、乡村旅游研究是吉首大学旅管学院立足张家界办学优势，打造旅游管理专业硕士（MTA）特色教学案例库的重要来源，是打造省内外知名品牌旅游学院的突破方向，以孵化出高质量、有影响力的旅游学术研究、教育教学和人才培养的系列成果

传统旅游高等教育人才培育难以适应当前旅游飞速发展的需求，这是全国旅游管理类院校普遍存在的问题，成为困扰当前旅游高等教育的重大危机。严峻形势，逼迫我们深入思考，寻求对策，激发作为。

从大趋势看，旅游业提质大升级呼唤旅游人才培育大改革。在"一带一路""精准扶贫""旅游强国三步走"国家规划背景下，受"互联网 +"、大数据、人工智能技术助推，旅游需求侧、供给侧和供需关系都产生了根本性、颠覆性的变化，旅游传统业态快速转型升级，新业态不断涌现。当前旅游教育体系，还是为传统业态服务建立起来的，当然无法适应和满足旅游发展新需要。教育体系建设是复杂系统工程，观念转变、师资建设和教学硬件，非朝夕之功，非一蹴而就。

从微环境看，办学立足点张家界旅游格局发生了重大变化。吉首大学之所以把旅游学院办在张家界市，是依托其世界旅游品牌。目前张家界旅游业格局发生了根本性变化：一是战略新地位。湖南省委已确立张家界为全省"锦绣潇湘"全域旅游龙头，在全省旅游战略的地位更加突出。二是空间新格局。张家界由以前的国家森林公园一家独大，演化成国家森林公园、天门山和大峡谷三足鼎立，体量越来越大，向广大乡村扩散为全域旅游是必然趋势。三是发展新思路。张家界提出了"对标提质、旅游强市"，成为新一轮发展总纲。四是旅游新业态。民宿客栈业、乡村旅游、田园综合体、"互联网＋"旅游、房车营地、城市旅游商圈建设、旅游在线营销等正在重构张家界旅游业。

面对宏观发展大趋势和张家界微观环境新变化，我们不能消极等待，必须密切关注，适应变化，转变观念，顺势而为。一是要按全域旅游重构旅游教育观。就是按全域景观、全域服务、全域治理、全域产业、全民共享等新理念，重构旅游科学研究、教材编写、教学大纲、课堂教学、招生考试、职业培训、实践实习、就业创业等人才培养新体系。2017年初，吉首大学原正校级督导张建永教授带领学校旅游研究骨干鲁明勇、张琰飞、蔡建刚、姚小云、周波、李付坤等老师，参与了国家旅游局局长李金早主编的《当代旅游学》教材，目的就是参与到全域旅游顶层新理念重构当代旅游学的研究中，转变观念，开拓思路。二是以"旅游＋"导向重构课程教学体系。全面适应传统旅游业态转型升级和新业态管理，开发"旅游＋科技""旅游＋农业""旅游＋城镇建设""旅游＋扶贫"等新内容新课程。三是以实际问题导向重构旅游社会服务体系。将旅游发展过程中政府、企业、社会组织所关注的热点、焦点、难点问题，直接导入科研教学服务地方建设体系，避免教学与实践脱节。四是加快推进旅游教育国际化。跟紧张家界旅游国际化步伐，加快实施旅游教育国际交流交往项目，彻底改变闷在大山里办旅游教育的局面。五是苦练内功，狠抓"四大一专两率"。"四大"是：积极导入大师讲学，聘请行业顶级精英、国家教育教学名师、省级名师等担任导师；强力争取国家级课题和省级重点项目等大课题立项；孵化大成果，推动出版"乡村旅游研究丛书"和"MTA特色案例丛书"；力争学生奖励、教师奖励大突破。"一专"是：全力创办MTA，办成具有核心竞争力的品牌；"两率"是：狠抓硕升博率、就业率，形成旅游人才培养标志性的核心竞争力。

根据全力创办MTA的工作思路，2017年，学院抓住机遇，在现有旅游管理、生态旅游学两种科学学位硕士点的基础上，整合资源、迎难而上，成功申报了旅游管理专业硕士（master of tourism administration，MTA），将于 2019 年开始正式招生。MTA 是 2010 年 9 月国务院学位委员会设立的旅游管理专业学位硕士的简称，目标是培养具有社会责任感和旅游职业精神，掌握旅游管理基础理论、知识和技能，具备国际化视野和战略思维能力，敢于挑战现代旅游业跨国发展的高级应用型旅游管理人才。MTA 的教育有别于科学硕士的教育，十分强调学生的实际应用和解决现实问题的能力，注重案例教学，这就需要组织编写符合地方实际和行业实际的案例教材，促进 MTA 本土化教学。我们的 MTA 拟设了生态文化旅游管理、旅游规划、旅游企业管理等方向课程，乡村旅游是几个方向共同关注的焦点，是串联研究方向的桥梁，理所当然地成为重要的突破口。

由此，我们以 MAT 教育教学为指针，以吉首大学中国乡村旅游研究院为平台，整合全校旅游研究力量，组建专家团队，在湖南省旅游发展委员会、张家界市人民政府、湘西自治州人民政府的指导下，在张家界市旅游和外事侨务委员会、湘西自治州旅游港澳外事侨务局的帮助下，在湖南雪峰山生态文化旅游有限责任公司的大力支持下，推出一套具有国际视野、富有行业特色、符合地方实际的"乡村旅游研究丛书"，倾力打造适应 MTA 教育与教学的系列前沿学术专著，形成"MTA 特色案例丛书"，每年按选题计划推进，3~5 年就可形成蔚为可观的系列成果。一方面，为中国乡村旅游政策的制定、乡村旅游规划的编制、乡村旅游理论的创新等提供智力支撑，努力将中国乡村旅游研究院打造成具有较强决策服务功能和较大社会影响力的高端智库。另一方面，紧跟当前旅游业转型升级大势，解决 MTA 案例教学之需。同时，通过这些目标成果任务，倒逼学院教学科研团队努力拼搏，提升科学研究、人才培养、服务地方的能力。

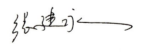

2018 年 1 月 27 日

PREFACE / 前　言

　　"消除贫困、改善民生、逐步实现共同富裕"是社会主义的本质要求和党的重要使命。武陵山片区作为我国"十三五"时期脱贫攻坚的主战场之一，其经济发展程度和脱贫成效直接决定着全国脱贫攻坚战的成败，事关农业增效、农民增收和农村增绿，事关和谐社会的建设，事关全面小康社会的建成。可以说，没有武陵山片区的小康，就没有全面的小康社会；没有武陵山片区的脱贫致富，就没有全国的共同富裕。

　　武陵山片区包括湖南、湖北、贵州、重庆4省市11个地区（市、州）的71个县（市、区），其中，湖南有37个，湖北有11个，贵州有16个，重庆有7个。武陵山片区集革命老区、民族地区和贫困地区于一体，是跨省交界面积大、少数民族聚集人数多、贫困人口分布广的连片特困地区，也是重要的经济协作区。它是我国区域经济的分水岭和西部大开发的最前沿地区，是连接中原与西南的重要纽带。党和国家历来都十分重视该区域的发展，出台了一系列政策，以支持和保障区域社会经济的全面发展。特别是2009年，根据国务院《国务院关于推进重庆市统筹城乡改革和发展的若干意见》文件要求，成立了国家战略层面的"武陵山经济协作区"，试图打造国内首个无障碍旅游协作区和国际旅游胜地；2011年，《中国农村扶贫开发纲要（2011—2020年）》将武陵山区等11个集中连片特困地区作为扶贫攻坚的主战场，并在武陵山片区率先开展区域发展与扶贫攻坚试点。至此，武陵山片区步入了扶贫开发的新时期，同时也迎来了快速发展的黄金期。

对于扶贫开发工作，我国政府历来高度重视，出台了一系列具有全局性、前瞻性和可操作性的方针、政策及规划，并形成了农林产业扶贫、旅游扶贫、电商扶贫、资产收益扶贫、科技扶贫、异地搬迁扶贫、教育扶贫等多种富有特色的扶贫方式。其中，旅游扶贫最具典型性、代表性和推广性。旅游扶贫是指在具有一定旅游资源条件、区位优势和市场基础的贫困地区，通过开发旅游业带动整个地区经济发展、贫困群众脱贫致富的一种产业扶贫开发方式，其以强大的市场优势、新兴的产业活力、强劲的造血功能和巨大的带动作用，不仅成为广大农村地区产业升级、经济发展，以及农民增收、脱贫、致富的主要抓手，也成为各级党委、政府重点推进和实施的有效扶贫方式。特别是在 1999 年英国国际发展部（DFID）提出有利于贫困人口的旅游（pro-poor tourism，PPT）的概念后，旅游扶贫成为国内外旅游学界和业界密切关注的内容。总体来看，我国旅游扶贫经历了探索研究（2000 年以前）、试点推进（2000~2010 年）、全面深入（2011 年至今）三个阶段。早在 1991 年全国旅游局长会议上，以贵州省旅游局为代表的一些省级旅游局就提出了"旅游扶贫"的口号。1996 年，国家旅游局在旅游发展重要问题调研提纲中把旅游扶贫问题研究选为重要议题之一，并与国务院扶贫办相继召开了旅游扶贫工作会议；2000 年 8 月，全国第一个国家级旅游扶贫试验区落户宁夏六盘山，我国旅游扶贫开发步入到实质性阶段。"十二五"时期以来，旅游扶贫被频频写入国家及相关部委的政策文件和规划中。2011 年 5 月，《中国农村扶贫开发纲要（2011-2020 年）》发布，"大力推进旅游扶贫"首次写入中央文件；《国务院关于促进旅游业改革发展的若干意见》明确提出要"加强乡村旅游精准扶贫，扎实推进乡村旅游富民工程，带动贫困地区脱贫致富"；《中共中央国务院关于打赢脱贫攻坚战的决定》指出要"依托贫困地区特有的自然人文资源，深入实施乡村旅游扶贫工程"；《"十三五"脱贫攻坚规划》将"旅游扶贫"列为产业发展脱贫的第二大形式，并提出实施"森林旅游扶贫工程""乡村旅游扶贫培训宣传工程"等六大旅游扶贫工程；《"十三五"旅游业发展规划》共提及"旅游扶贫"21 次、"旅游精准扶贫"6 次，并有一整节专门讲"实施乡村旅游扶贫工程"，内容涉及"实施乡村旅游扶贫重点村环境整治行动""开展旅游规划扶贫公益行动""实施旅游扶贫电商行动"等7个方面（详见附表1）。此外，国家旅游局会同国家发展和改革委员会、国务院扶贫办等部门接连3年发布了3个有关旅游扶贫工作的通知，即《关于实施乡村旅游富民工程推进旅游扶贫工作的通知》《关于启动2015年贫困村旅游扶贫试点工作的通知》《关于印发乡村旅游扶贫工程行动方案的通知》每个通知都附上了一定数量的旅游扶贫村名单。由此可见，旅游扶贫的适应性越来越强、应用面越来越广、扶贫效果越来越好，在整个扶贫体系中占据了极其重要的地位，扮演了更加突出的角色。此外，通过政策分析也可以看出，乡村旅游扶贫是旅游扶贫的重点和主要形式，其在地形极其崎岖、交通相对闭塞、经济较为落后，但旅游资源富集的连片特困地区具有更为广阔的应用前景和实施空间。

武陵山片区是我国旅游资源的富集区和精华区，旅游产业是区域的支柱产业和优势产业。片区有58个县（市、区）列入国家全域旅游示范创建区单位，武陵山片区走全域旅游发展战略符合党中央、国务院对武陵山片区的发展定位。目前，片区内拥有3个世界文化自然遗产、13个国家级自然保护区、15个国家森林公园、4个国家地质公园，并有30余个4A、5A级景区；除了绝版的自然旅游资源外，片区还拥有各具特色的乡村自然风光、丰富多彩的乡村风俗民情、充满情趣的乡土文化艺术、风格迥异的乡村民居建筑、富有特色的乡村传统劳作、琳琅满目的土特旅游产品等乡村旅游资源，具有开展旅游扶贫的绝佳条件和基础，旅游扶贫可成为片区脱贫致富的有益探索和重要方式。实践中，片区内各县（市、区）也将旅游扶贫作为重要工程在推进，出台了相关政策和规划，如湖南张家界市于2016年2月印发了《张家界市大力推进旅游精准扶贫行动计划》等。2015年公布的全国560个贫困村旅游扶贫试点村中，武陵山片区有30个，占5.36%（见附表2）。可以说，武陵山片区的旅游扶贫工作虽然有难度、有挑战，但成绩巨大、影响深远，其在旅游扶贫方面的经验具有典型性、代表性和示范性，亟须总结和提炼，并加以推广。

本书正是在上述背景下展开的研究。为了出成果、出精品并高效率、高水平、高质量地完成本书，湘西州委、吉首大学主要领导亲自牵头，精心组织，统筹安排，政、校、企深度合作，组建跨区域、跨学科、跨企业的综合性团队编撰本书。本书编撰具有以下三个方面的意义。

一是总结经验和教训，推而广之，带动脱贫。无论是从发展基础、贫困程度，还是从地理位置、资源条件来讲，武陵山片区的旅游扶贫工作均具有典型性和代表性，其在旅游扶贫方面取得的成绩和积累的经验能够作为其他同类型区域开展旅游扶贫的标杆和样本，辐射周边区域并带动农民脱贫致富。

二是寻找缺陷和不足，避而远之，提质增效，助力片区小康梦。即便工作再细、发展再好、成果再多，缺陷和不足始终存在。本报告虽未直接谈存在的问题，但从正面描述过程中映射出了不少问题，需要高度重视并积极防治、补足短板，从而促进片区内产业的提质增效和转型升级，促进旅游业在更长时期内以更快的速度、更好的质量、更高的水平发展，助推全面小康社会的建设。

三是创新理念和模式，兼而有之，继往开来，引领旅游新发展。创新是"十三五"时期我国五大发展理念之首，已经成为时代的灵魂，已经深入人心并发挥巨大的推动作用。在旅游业从景点旅游步入全域旅游的全新时期，理念和模式的创新将成为决定旅游业发展层次和规格的决定性因素。本书梳理和归纳的不少旅游扶贫发展模式将有效推动湘西自治州、张家界等地的国家全域旅游示范区创建工作，引领旅游业发展的新动向。

本书立足武陵山片区，对片区内旅游资源及旅游业发展概况进行了描述，对旅游扶贫的现况与成效等进行了量化分析，系统总结了旅游扶贫的典型案例和主要经验，最后针对武陵山片区旅游扶贫的问题提出了相应的对策建议。本书共分七个部分：前言部分主要介绍本书撰写的时代背景、现实意义以及旅游扶贫的相关政策；第一章为武陵山片区旅游扶贫整体情况，介绍片区旅游扶贫的成效、做法、经验、存在的问题及推进旅游扶贫的建议；第二章为武陵山片区旅游产业发展概况，主要介绍武陵山片区的旅游资源空间分布与省级差异情况，旅游人次时空演变趋势、旅游收入时空演变趋势，以及乡村旅游扶贫村的空间分布情况。第三章为武陵山片区旅游产业的减贫效应，主要从 2011 年、2014 年和 2016 年三个时间节点对比分析旅游综合收入、乡村旅游重点村等对绝对贫困、相对贫困影响的变化，并介绍了张家界、邵阳市、湘西土家族苗族自治州（简称湘西州）、铜仁市等典型地区旅游减贫综合成效，得出减贫效应的时空演变规律；第四章为湘西州旅游扶贫典型案例，从党政主体介入、党政主导全员参与、景区联村建设、产业融合带动、公司带村、能人引领、旅游合作社引领、旅游商品开发等方面介绍了武陵山片区成功的旅游扶贫案例；第五章为武陵山片区旅游扶贫的主要经验，主要从"党政主导，完善机制""善用政策，改革引领""释放红利，共享发展"三个方面进行了归纳；第六章为武陵山片区旅游扶贫的问题和对策，针对旅游扶贫中存在的问题，提出了相应的措施。本书以期对武陵山片区旅游扶贫工作的实绩做出客观、公正的评价，为全国旅游扶贫工作的顺利开展与实施提供经验依据和决策参考。

CONTENTS / 目 录

第一章　武陵山片区旅游扶贫概况

2017 年 9 月 13 日，习近平总书记向联合国世界旅游组织第 22 届全体大会致贺词时指出，旅游是不同国家、不同文化交流互鉴的重要渠道，是发展经济、增加就业的有效手段，也是提高人民生活水平的重要产业。武陵山片区（简称"片区"）包括湖南、湖北、贵州、重庆 4 省（市）11 个地（市、州）的 71 个县（市、区），集革命老区、民族地区、贫困地区于一体，跨省交界面大、少数民族聚集多、贫困人口分布广，属全国率先启动区域发展与扶贫攻坚试点的连片特困区，也是重要的经济协作区。该片区自然生态资源独特，乡土文化资源多彩，具有开展旅游扶贫的绝佳条件和基础。截至 2017 年 6 月，片区共拥有 5A 级景区 8 处，4A 级景区 63 处，3A 级景区 38 处。旅游业快速发展，2011~2016 年，旅游人次片区从 1.2 亿人次增加到 3.5 亿人次，全国从 27.76 亿人次增长到 45.78 亿人次；旅游总收入片区从 665 亿元增长到 2450 亿元，年平均增长率达 30.1%，全国从 2.25 万亿元增长到 4.69 万亿元，片区显著快于全国的平均水平[①]。快速发展的旅游产业成为了片区的特色优势产业和重点培育的支柱产业，不仅带动了当地经济发展和民生改善，也成为减贫致富、提高人民生活水平的重要途径。

一、武陵山片区旅游扶贫主要成效

2013 年以来，片区各地以精准扶贫思想为指导，立足生态文化资

---

① 本章数据来源于相关地区旅游部门提供的年度报告及网站信息，并经过汇总和加工处理而成。

源优势和特色，以旅游开发作为实施精准扶贫的重要途径，通过创新体制机制，在景区打造、环境改善、贫困居民观念转变、收入增加、就业创业等方面都取得了显著的成效。截至 2016 年，片区通过旅游产业发展共实现 30 余万人脱贫，其中湘西州 3.7 万人、张家界 2.1 万人、邵阳 13.1 万人（3 年数据）、铜仁 6 万人（1.5 万户）、湄潭 4 万人（多年累积）、武隆 3 万人（多年累积）、秀山 2.5 万人、黔江 1 万人以上。

（一）乡村旅游景区质量不断提高

乡村旅游景区是旅游扶贫的重要载体，片区各地通过各种途径，提高景区质量，强化景区扶贫效应。湘西州通过抓工作机制、规划引领、项目建设、示范引领、营销造势等系统措施，乡村旅游景点的建设质量不断提升。坐龙峡景区、惹巴拉景区、乌龙山大峡谷景区、老家寨—苗人谷景区成功创建为国家 3A 级旅游景区；铜仁市依托苗王城、云舍、尧上等民族旅游村寨打造 4A 级旅游景区 3 个、3A 级旅游景区 7 个；打造"农业园区景区化、农旅一体化"星级园区景区 18 个；打造国家级休闲农业与乡村旅游示范县和示范点各 1 个。彭水县将乡村旅游纳入各种宣传推广重要内容，建成 20 余个乡村旅游点及采摘体验园；发展农家乐、乡村酒店近 500 余家；星级农家乐 100 余家；旅游接待床位近 7000 个。湄潭创新旅游投融资机制，"七彩部落"通过"三变"改革，引导农民以"三资"入股参与旅游开发，构建"公司＋股份合作社＋股民"的联合经营模式，改善了传统农家乐单打独斗的经营发展模式。

（二）乡村环境设施持续改善

旅游扶贫工程的实施，显著改进了乡村环境和基础设施，特别是交通条件显著改善，居民生活环境更好。湄潭县围绕旅游扶贫重点区域规划布局，整合相关部门资金，直接用于公厕、旅游步道、水电、标识牌、停车场点的建设，不断完善旅游扶贫功能。2016 年共建设旅游厕所 25 座、标识牌 80 块，旅游公路若干条。重庆黔江区在实施村公路建设、农村危房改造、农村环境综合整治、生态搬迁、特色景观、传统村落、民居保护等项目时，从政策、资金扶持等方面帮助贫困村发展乡村旅游的能力，切实改善农村村容村貌。彭水县将乡村旅游公路建设纳入全县脱贫攻坚规划加以布局，加快旅游交通设施建设，提高旅游公路通行能力；加强农村环境整治，实施民房风貌改造，切实改善供电、供水、通信、消防、环境卫生等基础设施条件，提升了旅游综合服务能力和旅游发展能力。

（三）贫困居民观念素质得到提升

随着旅游开发的深入推进，贫困居民思想观念得到改变，主动致富的愿望更为强烈。重庆黔江区旅游业的长足进步和发展，带来了大量人流、物流、资金流、信息流，在思维方式、思维理念等方面对当地群众产生着潜移默化的影响。铜仁市通过贫困人群就地脱贫，避免了土地荒废、产业空心、夫妻分居、留守儿童等问题，2015年贫困发生率已降低到15.54%，全面小康实现程度达到89.3%，农村更加和谐稳定。同时，各地积极强化对村民的培训，彭水县与职教中心联合，分期分批举办业务培训班，开展多层次、多渠道的培训，强化服务意识、经营理念、卫生意识和法律意识，提升贫困群众发展旅游的专业技能和服务水平，2016年累计培训旅游从业人员300人次。湘西州2016年组织84个乡村旅游重点村的120多名村干部、旅游专干参加培训班，组织16个乡村旅游重点村村干部赴河南省栾川县进行了现场学习考察，开展一系列乡村旅游专业技能培训，极大地提升了贫困村的人力资本水平。

（四）就业与创业机遇显著增多

旅游开发不仅为村民提供了更多的就业岗位，也获得了更多的创业致富机遇。重庆黔江区通过全域旅游示范区的建设，旅游产业业态不断得到丰富，2016年乡村旅游使贫困居民就业达3500余人，占整个乡村旅游从业人员的35%。湘西州凤凰县石头屋总经理麻金梅，流转承包土地300多亩，带动周边村寨农副特产、手工艺品等销售，直接用工28人，带动就业近百人。邵阳市新宁崀山景区优先安排原住民直接参与景区管理，景区管理岗位原住民比例在50%以上，景区摊点、卫生保洁、保安、护林防火等服务和公益性岗位必须在原住居民中安排，建立了78人的保洁队伍和26人的保安队伍。武隆区充分发挥世界自然遗产地、国家5A级景区等品牌优势，依托仙女山实现1.5万余名贫困农民脱贫，依托白马山实现5000余名贫困农民脱贫，依托乡村旅游实现近1万名农民脱贫。湄潭县通过打造中国茶海、翠芽27°、田家沟万花园、水湄花谷、奇洞天等景区，辐射周边贫困村，带动3385名村民直接就业，间接就业农民16827人。湘西州花垣县国家级现代农业科技园等4个现代农业园和龙山县惹巴拉、凤凰县塘桥2个休闲观光农业示范片接待游客40多万人次，累计带动农户1400多户，近4000人。

（五）居民收入稳步增加

通过实施旅游扶贫战略，片区各地农村居民收入稳步提升。以2016年为例，湘西州乡村旅游接待游客713万人次，实现旅游收入26.1亿元，带动37174人脱贫。张家界旅游扶贫脱贫21505人，旅游脱贫贡献率为39.45%，农民人均旅游可支配收入3324.49元，占农民人均可支配总收入的42.61%。武隆区3.1万农户、近7万农民靠旅游吃饭，其中近1万名涉旅贫困群众的人均年收入达到1万元以上，实现了48个贫困村脱贫"销号"、近3万贫困人口脱贫"越线"。铜仁市乡村旅游接待1226.6万人次，实现乡村旅游收入111.3亿元，乡村旅游经营户达3000余户，乡村旅游直接从业人员4万人、间接从业人员40万人。彭水县乡村旅游接待游客510万人次，实现旅游综合收入10亿元，提供近3000个就业岗位，吸引了大量农民工回乡创业。重庆黔江区接待乡村旅游游客450万人次，综合收入13.4亿元，贫困群众从事乡村旅游实现利润4000余万元。

（六）农户增收致富渠道明显拓宽

在旅游业的带动下，相关产业融合发展，农户的收入渠道更多。2014~2016年，邵阳市的崀山、南山、云山、花瑶、望云山、挪溪、黄桑、蔡锷故居、紫薇博览园、湘窖酒业等重点景区共投入景区提质建设资金30多亿元，带动农家乐、购物点、酒店、旅行社共投入100亿元，带动131438人脱贫。铜仁市通过实施"园区景区化、农旅一体化"工程，2016年带动50个贫困村600户贫困户脱贫致富；全市旅游商品企业带动 4 万多贫困群众就业、创业；21 家 3A 级以上景区带动 253 个村 1.5 万余户贫困户在旅游服务中脱贫致富。武隆区通过"旅游 + 文化""旅游 + 农业""旅游 + 电商"，最大程度发挥旅游辐射带动作用，"印象武隆""仙女恋歌"等演出项目，培训吸收当地农民为演出人员，2016 年解决 3000 余人就业。鸭江镇青峰村建成的 800 余亩汉平金冠梨基地和 800 余亩香伶核桃基地，2016 年全村户平增收 9000 余元。汉平蜜柚等 22 个品牌、206 个单品完成产品包装上线销售，2016 年通过电商平台实现乡村旅游商品交易 8 亿元以上。2016 年永顺世界文化遗产老司城景区吸纳就业 48 人，公益岗位安排就业 61 人，民俗文化表演就业 80 人，开办农家乐自主创业 70 人，培育引导村民进行土司农产品开发，推出了老司城鸭蛋、老司城蜂蜜等"老司城"特色品牌。

二、武陵山片区旅游扶贫主要做法

片区各地在推进旅游扶贫过程中，抢抓机遇，积极发挥主观能动性，创新工作思路与方法，采取了系列行之有效的做法。

（一）强化顶层设计，夯实发展基础

一是编制旅游相关规划时把旅游扶贫专项规划摆在了重要位置。如湘西州编制了《湘西自治州乡村旅游发展规划》、张家界市编制了《张家界乡村旅游暨旅游扶贫专项规划（2016 — 2020）》、怀化市编制了《怀化市旅游扶贫专项规划》等。二是提升旅游扶贫的战略地位。湘西州将乡村旅游脱贫作为全州精准扶贫十项工程之一。张家界市结合"提质张家界，打造升级版"战略及"1656 行动计划"，大力实施"景点扶贫、线路扶贫、商品扶贫、就业扶贫"四轮驱动旅游扶贫。怀化市连续 3 年每年安排 5000 万元专项资金发展乡村旅游。铜仁市推进了 74 个国家级乡村旅游扶贫重点村建设。重庆市武隆区强势推进"仙女山提档升级、白马山新兴开发、乡村旅游全域覆盖旅游扶贫"三大战场"。三是建立推进机制，明确领导班子专抓。湘西州成立了州、县（市）两级乡村旅游脱贫工程协调小组，实行年度考核。恩施土家族苗族自治州（简称恩施州）建立了乡村旅游发展联席会议制度。张家界

市成立了旅游精准扶贫工作推进组。四是积极争取武陵山片区旅游扶贫上升为省级层面，并纳入省级工作重点。湖南省将张吉怀精品生态文化旅游经济带作为"一核三极四带多点"战略中的"四带"强化建设。湖北省实施旅游扶贫"旅翼"行动，将恩施州作为旅游扶贫的主场战。贵州省加快推进"百区千村万户"乡村旅游精准扶贫工程，打造全民参与的乡村旅游扶贫产业链和山地旅游扶贫示范带。

（二）提升旅游品质，增强发展活力

一是以创建国家全域旅游示范区为抓手，积极打造精品景区，培育旅游核心吸引物，深入推进旅游扶贫项目建设。湘西州深入推进"土家探源"和"神秘苗乡"两条生态文化乡村游精品线开发，2016年完成投资超过3亿元。恩施州引进100多家企业进行旅游开发，共建成31家A级景区，覆盖110个重点贫困村16万贫困户。2016年武隆区完成集中打造乡村旅游示范村（点）50个，建成仙女山、白马山片区两个旅游扶贫示范廊道。二是开展评选活动，提升乡村旅游发展水平。湘西州2016年评选10家乡村旅游示范村、10家星级农家乐、10家特色民宿和10种特色旅游商品，促进乡村旅游提质升级。2016年怀化市命名34个旅游扶贫示范村，带动和引导更多贫困户通过乡村旅游实现持续稳定脱贫致富。铜仁市对梵净山环线开展五星级农家乐、五星级服务人员、五星级讲解员、A级旅游村寨等评选工作，提升旅游接待质量和服务水平。恩施州开展了"十大新派土家菜""十大特色小吃""十大名厨""恩施八宝"评选活动，提升乡村旅游餐饮水平。三是加强人员培训。依托高等院校的旅游院系，用短期培训等方式提高乡村旅游从业人员的旅游技能；开展乡村旅游带头人专题培训，发挥示范引领作用；加强旅游从业人员民族文化艺术及基本常识培训，提高乡村旅游文化品位。

（三）用好各种政策，推进跨越发展

一是用好旅游扶贫试点政策，积极争取国家政策和资金支持，整合项目和资金推进旅游跨越发展。古丈县牛角山村在湖南省旅发委的对口帮扶下，形成了以苗寨旅游为主体龙头集茶叶、养殖、餐饮四大

产业一体发展的格局，2016 年全村人均收入达 1 万元以上。重庆市黔江区新建村在上级支持下，打造十三寨景区，积极发展农家乐、旅游土特产品、特色旅游商品，到 2016 年实现乡村旅游带动农户增收 4 万多元。二是充分利用国家易地扶贫搬迁政策，探索"易地搬迁＋旅游扶贫"发展模式。石阡县坪望村把易地扶贫搬迁与开发乡村旅游同步推进，开设农庄、土特产店、网店等，不断拓宽就业渠道。玉屏县田坪镇易地扶贫搬迁安置点结合侗族特色文化新建九阳文化广场、山体公园等休闲娱乐场所，将安置区打造成了极富民间特色的"北侗风情园"。三是用好村寨保护发展政策，积极申报中国传统村落、中国少数民族特色村寨，将农村危房改造与特色民居改造相结合。凤凰县组织实施舒家塘传统村落暨危房改造示范工程，实施城堡内 54 户住户整体搬迁。新宁县集中打造崀山镇石田村等 6 个侗瑶民居风貌示范点，贫困户在改造的农房里开办农家乐或家庭旅馆，平均月收入近万元。铜仁市碧江区六龙山乡在农村危房改造重点向旅游发展后劲足的村寨倾斜，与发展文化旅游产业相结合。

（四）培育发展载体，实现融合发展

一是景村一体化，依托国家 3A 级以上旅游景区和其他"国字号"景区，引导当地村民发展农家乐及乡村客栈等业态实现脱贫致富。铜仁市在梵净山环线规划建设"四大天王寨、十八罗汉村"，2016 年贫困人口直接与间接就业达 11000 余人。新宁县在崀山景区引导当地村民积极发展乡村旅游，带动近千贫困人口脱贫。武隆区双河镇木根村依托武隆仙女山景区，大力发展休闲农业和乡村旅游扶贫，95% 以上农户参与乡村旅游，2016 年旅游收入达 1 亿元以上。二是农旅一体化，大力发展观光农业、休闲农业等生态旅游农业。铜仁市通过实施"园区景区化、农旅一体化"，2016 年带动 50 个贫困村 600 户贫困户脱贫致富。湄潭县打造中国茶海、翠芽 27°、田家沟万花源、水湄花谷等景区，形成一批休闲农业和乡村旅游精品点。湘西州保靖县、益阳市安化县、常德市石门县等产茶大县以茶促旅、以旅兴茶，打造吕洞山黄金茶海、竹溪湾茶文化主题公园、夹山禅茶生态园等一批茶旅示范点。三是文旅融合，发掘特色文化资源，打造文旅融合的新业态产

品。湘西州在旅游村寨定期举办土家舍巴节、土家过赶年、苗族赶秋节、苗族四月八节、农耕民俗文化节等节庆活动，炒热乡村旅游市场。江口县寨沙侗寨组建了文艺演出队伍，策划推出《月上寨沙》大型侗族文化歌舞晚会，延长游客逗留时间。四是培育特色旅游商品，推进大众创业、万众创新，培育一批旅游商品研发、生产、销售龙头企业。湘西州大力开发土家织锦、蜡染、苗绣、银饰、踏虎凿花等非遗旅游工艺品，推动湘西腊肉、龙山大头菜、永顺猕猴桃、泸溪椪柑、古丈毛尖、保靖黄金茶等农副特产与旅游市场对接，成功打造一批"湘西制造"特色旅游商品品牌。重庆市酉阳县做大做强苦荞酒、宜居茶、天然猕猴桃、酉水河脐橙等 20 个特色品牌，精心培育麻旺烤鸭、酉州蜂蜜、花田贡米等 100 个旅游农特商品和工艺纪念品。

（五）加强区域合作，共谋协调发展

一是加强跨省合作。启动了武陵山片区旅游合作联盟筹备工作，统筹区域旅游文化产品开发，共同宣传旅游信息，联手打造精品旅游线路和特色旅游项目，推动旅游区联合，推进旅游品牌战略，促进联盟成员之间、联盟与国内外旅游行业之间的沟通与合作。二是加强跨市合作。张家界市、湘西州、怀化市三地共同发起成立了张吉怀旅游共同体，加快建设张吉怀精品生态文化旅游经济带，创建国家旅游精准扶贫创新区。遵义市、铜仁市联手推出了"仁义"精品旅游线路，进一步增强在旅游方面的合作。三是加强跨县合作。张家界市永定区、怀化市沅陵县、湘西州古丈县、永顺县签订《张家界南线旅游合作发展框架协议》，全面启动张家界南线旅游产业发展合作。重庆市武隆、石柱、酉阳、秀山、彭水、黔江成立了渝东南区域旅游联盟，建立了旅游联席会议机制，统筹负责区域内的旅游业及旅游扶贫的联动发展。

三、武陵山片区旅游扶贫主要经验

片区积极响应中央推进精准扶贫政策，充分利用促进旅游发展政策红利，按照全域旅游的思维和理念，推进旅游业与精准扶贫有机结合，取得了一系列成效，形成了可复制、可推广、可借鉴的经验。

（一）党政主导，完善机制

在国家精准扶贫战略的背景下，各级党委政府高度重视发展旅游业，为旅游扶贫快速推进提供了强有力的保障。省级层面：湖南省开展"旅游扶贫示范县"创建工作；湖北省实施旅游扶贫"旅翼"行动计划；贵州省推进"百区千村万户"乡村旅游精准扶贫工程；重庆市以旅游扶贫专项资金促进旅游扶贫。地市州层面：湘西州召开覆盖到镇村级的乡村旅游大会推动旅游扶贫；张家界实施"对标提质"战略推进旅游扶贫；恩施州出台《恩施州人民政府关于发展乡村旅游促进旅游扶贫工作的意见》等。各地党委政府建立和完善了旅游扶贫的保障机制：加强组织领导，建立组织协调机制；加强资源整合，建立资金筹措机制；加强激励引导，建立投入奖励机制；加强责任落实，建立督查考评机制。

（二）顶层设计，规划先行

湘西州以建设"国内外知名生态文化公园"总体规划体系推动旅游扶贫，把州域1.5万平方公里作为一个全域生态、全域文化、全域旅游、全域康养的大公园来整体规划、建设、管理，并指导、督促、激励各县市深入推进旅游扶贫各项工作。重庆武陵山片区以建设"渝东南生态保护发展区生态经济走廊"体规划体系推动旅游扶贫，对渝东南旅游业实施"一体规划、整体打造、统一营销"，着力塑造"武陵风光、乌江画廊、土苗风情"三大主题旅游品牌，构建"步步皆景、处处宜游"的全域旅游大景区。恩施州以建成"绿色、繁荣、开放、文明的全国先进自治州"体规划体系推动旅游扶贫。贵州省的武陵山片区将旅游扶贫与产业规划进行有机结合。

（三）善用政策，激发活力

争取政策、吃透政策、用活政策，将政策红利极大化，是片区推进旅游扶贫的重要经验。一是善用基础设施建设政策推进旅游扶贫。湘西州用活交通扶贫政策，规划建设1000公里乡村旅游公路；恩施州用活水利建设扶贫政策，发展清江水上旅游项目；怀化市用活新能源扶持政策，建设了西晃山风电场，保障乡村旅游发展；重庆酉阳县用活国家信息化政策，建设了大型电子商务交易和物流中心。二是善用土地流转和异地搬扶政策推进旅游扶贫。凤凰县老洞村舒家塘村、老洞村利用异地扶贫政策，实行旅游产业异地搬迁扶贫。三是善用产业政策推进乡村旅游扶贫，利用《关于加大改革创新力度加快农业现代化建设的若干意见》，武陵山区建设一批具有历史、地域、民族特点的特色景观旅游村镇，打造形式多样、特色鲜明的乡村旅游休闲产品。

（四）乡贤引领，共赢发展

利用创新机制，发挥社会资本和乡贤精英的引领作用。怀化雪峰山旅游功能区在新乡贤原大康牧业上市公司董事长陈黎明主导下，推动以企业为主体的旅游扶贫机制，雪峰山旅游公司成立三年来创建两个国家 3A 景区，被学界总结为"旅游扶贫的雪峰山模式"，具有明确的旅游扶贫路径，即安排贫困户子女景区就业、项目工程使用景区劳动力、支持景区农民创业（支持 62 家客栈）、开发旅游商品（花瑶合作社）、资源入股分红（房屋、森林、耕地入股）、培训农民，直接和间接受益群众近 10 万人。

四、武陵山片区旅游扶贫存在的问题

长期以来，由于基础条件差，贫困程度深，产业底子薄，投融资难度大，观念和市场开放程度不高，片区在推进旅游扶贫过程中，存在以下有待完善的问题。

1. 旅游扶贫参与主体不足，发展后劲乏力

村民参与主体不足。片区乡村"三留两空"问题十分严重，青壮男女大多外出务工，村里只剩留守儿童、留守老人、留守妇女、空心村、空巢老人。缺乏青壮劳力，农事体验、文体表演、节庆活动等许多乡村旅游项目就无法开展，风俗文化和乡村生活也不能自然呈现或主动表演，严重削弱了乡村旅游开发潜力。旅游投融资主体单一，基本上以财政投入为主，社会资本参与程度不高，缺乏战略投资商开发

乡村旅游。经营主体和模式单一，经营者多为个体或者村集体，缺乏高端旅游专业人才，缺乏先进管理技术和手段，经营效益不高。

2. 旅游品牌影响力较弱，同质化开发严重

片区受地质地貌影响，村寨资源体量不大，小而分散，彼此间相距较远，户不过百户，人不过千人，缺乏视觉冲击力和震撼力，是开发乡村旅游的主要缺陷。精典乡村旅游品牌较少，特别是打造民族文化旅游品牌时，只强调品类繁多，不经筛选，不作取舍，分散泛化，没重点，无亮点，无法形成深刻印象。旅游资源与产品同质化开发严重，集成与整合不够，低水平重复。各市州县乡村旅游线路缺乏集成与整合，缺少与周边县市对接。产品开发初级，综合效益不高，依然停留在"观光游"阶段，缺乏度假、养生、自驾等"深度游"产品，旅游产品创新和结构调整迫在眉睫。

3. 乡村原生态文化急需在开发中加强保护

随着现代化、城镇化的推进，村民外出打工、进城经商，以及发展农林牧副渔、养殖业和乡村旅游，具有旅游价值的传统村寨古建筑破损拆毁十分严重，急需通过旅游扶贫加以保护。传统村寨的原生态环境破坏严重，急需通过旅游扶贫加以保护。片区旅游村寨，受外界影响，乡村生活逐渐城市化、乡村民俗逐渐趋同化，失去了民族特色和旅游价值，急需通过旅游扶贫，强化乡村文化氛围的保护。

4. 旅游扶贫的基础设施和产业支撑较弱

片区外部立体交通大通畅与区内循环不流畅问题很突出，通乡通村道路标准低，路况差，不适应旅游开发要求。水、电、手机网络、乡村厕所、游客服务中心、旅游停车场、景区游道、标识牌等基础设施仍然滞后。特色产业规模小、市场小、抗风险力弱，无法有效支撑旅游扶贫。

5. 旅游扶贫协调推进机制仍然有待完善

旅游扶贫涉及旅游、农业、林业、国土、环保、文化等部门，部门之间还没有一个有效的协同治理机制，呈现"多龙治水"格局，急待多规合一。旅游开发土地流转相当困难，"瓶颈"制约严重。乡村旅游管理缺方法，"一放就乱，一管就死"。项目资金还需进一步整合和政策配套，农家乐、特色民宿等乡村旅游业态一次性投入大，大部分村民尤其是建档立卡户难以参与。

五、武陵山片区进一步推进旅游扶贫的建议

推进片区旅游扶贫，要全面贯彻落实中央关于旅游扶贫的决策部署及《关于推进武陵山片区旅游减贫致富与协同发展的意见》，牢固树立"创新、协调、绿色、开放、共享"的发展理念，按照"大旅游、大扶贫、大市场、大协同、大发展"的思路，努力形成片区旅游目标同向、措施一体、优势互补、互利共赢的协同发展新格局，探索连片特困地区旅游扶贫、区域旅游合作和跨省交界欠发达地区经济一体化发展的"武陵山模式"，为连片特困地区提供可复制、可推广的经验，为打赢脱贫攻坚战做贡献。

第一，建立多元协同的旅游扶贫推进机制。要尽快整合发展，实施多规合一，整合项目、整合资金，整合事项、整合管理，形成合力。要加快旅游重点项目建设，实干兴旅。要强化部门协作、合力推动，将精准扶贫的产业发展、基础设施、教育培训等工作与乡村旅游无缝对接，将精准扶贫、特色民居保护、民族村寨建设、生态村建设、美丽乡村建设、村镇棚户区改造、风情小镇建设、非物质文化遗产保护、城乡同建同治等工程项目，按乡村旅游的标准进行规范和整合，进行规划、资金、市场、人员整合，合力打造特色村寨旅游。

第二，铸造特色村寨集群的旅游扶贫差异品牌。针对片区村寨多零散分布、村庄规模体量小、旅游开发同质化恶性竞争、重复建设以及对原生态文化破坏的问题，要集中连片开发村寨群，将分布零散但有类同文化底蕴、生态环境的村寨进行整合，在传承保护中发展，协作共享，打造大园林型乡村旅游目的地。要建设多元立体廊道线，每个县市规划建设范性徒步行绿道、自行车骑行绿道、自驾游绿道，将村寨群内外进行联接，形成片区特色的生态文化景观大廊道，让在乡村行进的路线成为旅游景观产品。同一品牌要统一营销，打造差异特色，省、市、州、县、镇、村旅游品牌协同一致，避免品牌分散、各自为政、破坏原生文化以及营销效率不高的问题。

第三，构建多层次的旅游扶贫融资体系。破解旅游扶贫投融资主体单一、政府唱独角戏的问题，要加大招商引资力度，拓展融资渠道，集聚乡村旅游发展资金。采取政府投资、部门投资、争取企业资金等方式广泛吸

纳资金，出台优惠政策激活民间资本参与乡村旅游项目建设。通过资源转资本、资本转证券的融资方式，组建乡村旅游投资公司（旅游投），利用政府融资平台和PPP融资模式，推动乡村旅游公共服务项目投资。

第四，壮大多样化的旅游扶贫开发经营队伍。化解旅游扶贫经营主体单一、经营模式单一的问题，发展"能人推动、村民参与、创客引领"的多样化开发主体，大力招引成功企业家、投资集团、百强企业、大型私企、大型国企、上市公司、旅游产业集团来开发乡村旅游。支持农村产业能人、返乡农民工、大中专院校毕业生、退伍军人、城镇失业人员，以及广大有识之士到农村去开发乡村旅游、创新创业。大力鼓励村民自主经营，鼓励产业大户独立承包开发、大户联合开发、村集体自主开发、建立乡村旅游合作社等形式开发乡村旅游。通过转包、转让、入股、合作、租赁等方式组建股份公司合作开发，或者买断经营权，独立开发。推进"村民能手＋乡村创客"，以点带面，借助产业、文化、科技、创新等各领域人才的智慧，壮大乡村旅游发展人才队伍。充分利用片区高校、职业院校教育资源，为片区培养各级各类旅游人才，提升旅游从业人员素质和管理水平。同时，要发挥村镇基层党建设引领作用，强化基层党建工作，吸收本地致富能人和带头人充实到基层党组织中，支持和壮大基层党组织在旅游扶贫中的战斗堡垒作用。

第五，创新多层级的旅游扶贫管理体系。针对旅游扶贫受制于土地、产权、项目管理方面的制约，旅游扶贫绩效不佳的现实，要深入研究既有政策，积极争取新的政策，用好用活政策，创新工作思路，破解制约瓶颈。要用活乡村旅游土地使用政策，鼓励各种资本形式在荒山、荒坡、荒滩进行乡村旅游开发，支持农民在自己承包的果园、林地、田地等地依法依规开展劳作体验、食宿接待等乡村旅游项目的开发建设。创新土地流转方式，实行有偿有期限流转制度，通过转包、转让、入股、合作、租赁、互换等方式出让承包权，鼓励农民将承包的土地向专业大户、合作农场和农业园区流转营。鼓励合理利用农村空置房、宅基地和集体建设用地发展乡村旅游。要配套旅游扶贫系列政策，落实投资、消费、税收、科技、扶贫、贷款、创业等扶持政策，争取在资金、政策、人才、信息、宣传、招商等各个方面给予企业、农户大力支持。

第二章　武陵山片区旅游产业发展现状

2011 年 10 月，国务院批复的《武陵山片区区域发展和扶贫攻坚规划（2011—2020）》明确将旅游产业作为片区扶贫攻坚的优势先导产业。2011 年以来，片区旅游产业获得了长足发展，已逐渐形成了以旅游带动地区经济发展，推动区域脱贫的可喜局面。鉴于数据的可得性及部分产业发展绩效难以量化的问题，本部分主要选取 3A 级以上景区数量、旅游人次、旅游产业收入、乡村旅游重点村数量等旅游产业发展替代指标，并采用地理科学技术和方式，选取 2011 年、2014 年和 2016 年三个时间节点，从全域空间和局域空间相结合的视角洞察武陵山片区旅游产业发展的时空演变规律，对片区 71 个县（市、区）进行产业发展时空对比，进而为各县市区优化旅游产业发展布局提供依据。由于片区并不是一个独立的统计单元，各县市区的相关数据均来自于相应年份的《湖南省统计年鉴》《贵州省统计年鉴》《湖北省统计年鉴》《重庆市统计年鉴》，以及各县市区统计公报、相关政府网站公布的政策文件（如《全国乡村旅游扶贫重点村汇总表》）、相关县市区旅游局提供的内部资料等，并经过整理和计算得出。所涉及的空间计算则基于 Arcgis10.3 软件平台展开，空间参考为 Albers 投影（中央经线为 105°E，标准纬线为 25°N、47°N）。

一、武陵山片区旅游资源空间分布

武陵山区自然景观独特，片区内旅游资源极其丰富。共拥有 5A 级景区 8 处（见表 2-1），包括湖北的恩施大峡谷、屈原故里、神农溪、清江画廊；湖南的武陵源—天门山、琅山；重庆的武隆喀斯特旅游区、酉阳桃花源等；另外有 4A 级景区 63 处，3A 级景区 38 处。由于各地资源和开发水平不同，3A 级以上景区数量的区域差异比较大。

表 2-1　　　　　　　　　　　武陵山片区 5A 级景区

地区	景区名称
湖北	恩施市恩施大峡谷
	秭归县屈原故里
	长阳县清江画廊
	巴东县神龙溪
湖南	张家界武陵源—天门山
	新宁琅山景区
重庆	武隆区喀斯特旅游区
	酉阳桃花源

（一）武陵山片区 3A 级以上景区省际差异

统计数据显示，片区 3A 级以上景区数量的省际差异显著（见图 2-1），拥有 5A 级景区最多的是湖北片区，拥有 4 处 5A 级景区；湖南和重庆片区各拥有两处 5A 级景区；贵州片区目前还没有 5A 景区。考虑到湖南在整个片区中的面积最大，故景区的开发水平及景区的建设质量都需要进一步提升。

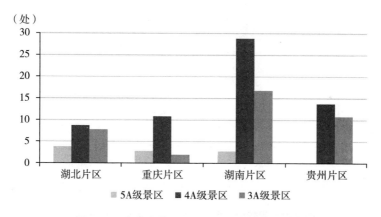

图 2-1　武陵山片区 3A 级以上景区省际分布

拥有 4A 级景区最多的是湖南片区，有 4A 级景区 29 处；其次是贵州片区，有 4A 级景区 14 处；重庆片区居于第三，拥有 4A 级景区 11 处；湖北片区的 4A 级景区最少，拥有 9 处。3A 级景区数量的分布与 4A 类似，按数量排名依次是湖南、贵州、湖北和重庆，这主要与各分片区的县域数量密切相关，整体来看 3A 与 4A 景区的分布相对比较均衡。

（二）武陵山片区 3A 级以上景区县域差异

利用 Arcgis10.3 软件得到的武陵山片区 3A 级与 4A 景区县域分布图（见图 2-2）显示，5A 级景区集中分布在片区北部，包括湖北片区、重庆片区和湖南片区的张家界，南部只有邵阳新宁崀山一个 5A 景区；其他地区没有 5A 级景区，区域之间分布极不均衡。4A 级景区与 3A 级景区分布相对比较均衡，其中贵州的铜仁；湖南的湘西州、张家界；重庆的黔江、酉阳和石柱；湖北的恩施州等地区均有分布。整体来看，片区的一般景区比较多，高质量的 5A 景区严重偏少，未来需要进一步提升建设力度，打造更多的 5A 级景区。

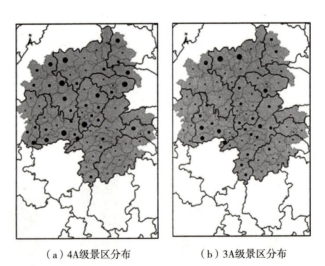

（a）4A级景区分布　　　　　（b）3A级景区分布

注：圆点代表景点在地区数量的多少，越大景点数量越多。

图 2-2　武陵山片区 3A 级与 4A 级景区县域分布

（三）湘西州主要旅游资源情况

　　一直以来，湘西州都十分注重旅游景区建设，强调以核心景区带动周边区域发展，通过重点景区特色化、品牌化助推湘西州旅游业全面升级，景区建设成效显著（见表2-2）。特别是永顺老司城成功申报世界文化遗产，填补了湖南省世界文化遗产空白，为湘西州旅游业提质升级注入了强大动力。

表2-2　　　　　　　　　　2016年湘西州重点景区（点）

景区类别	景区名称
世界文化遗产	1处（老司城）
国家风景名胜区	3处（德夯国家风景名胜区、猛洞河国家风景名胜区、凤凰国家风景名胜区）
国家历史文化名镇	4座（里耶古镇、芙蓉镇、浦市古镇、边城茶峒）
国家级自然保护区	3处（小溪国家级自然保护区、高望界国家级自然保护区、白云山国家级自然保护区）
国家森林公园	4处（南华山国家森林公园、不二门国家森林公园、矮寨国家森林公园、坐龙峡国家森林公园）
国家湿地公园	3处（峒河国家湿地公园、武水国家湿地公园、古苗河国家湿地公园）
国家重点文物保护单位	13处（溪州铜柱、老司城遗址、湘鄂川黔革命根据地旧址、里耶古城遗址、凤凰古城堡、沈从文故居、四方城遗址、魏家寨古城遗址、不二门遗址、羊峰古城遗址、龙山里耶大板东汉遗址与墓葬、里耶麦茶战国墓群、吉首乾州文庙）
4A级旅游景区	10处（凤凰古城、南华山、乾州古城、芙蓉镇、猛洞河漂流、矮寨奇观、红石林、奇梁洞、浦市古镇、老司城）
3A级旅游景区	11处（南方长城、边城茶峒、吕洞山、白沙、里耶古城、苗人谷—老家寨、凤凰之窗、坐龙峡、乌龙山大峡谷、惹巴拉、天桥山）

　　"十三五"期间，湘西州旅游业将继续围绕全域生态、全域文化、全域旅游的主体进行整体规划、建设和管理，在打造"世界级生态文化旅游目的地和国内外知名的生态文化公园"总目标的指引下，大力推行品牌化发展战略，走国际化、精品化发展之路。按照规划，至

2020 年力争打造世界文化遗产两处（老司城、凤凰防御体系），国家 5A 级旅游景区两处（凤凰古城景区、矮寨奇观景区），国家 4A 级旅游景区 15 处（老司城、南华山、乾州古城、芙蓉镇、猛洞河漂流、红石林、奇梁洞、南方长城、边城茶峒、浦市古镇、白沙、里耶古城、吕洞山、坐龙峡、小溪）。

二、武陵山片区旅游人次时空演变

随着《武陵山片区区域发展和扶贫攻坚规划（2011-2020 年）》的出台，以及武陵山片区成为新一轮扶贫开发先行先试的示范区以来，片区旅游业得到快速发展，旅游人次大幅增加。但各地差异显著，旅游人次主要取决于高质量旅游资源的分布；张家界、武隆、恩施的旅游人次显著高于其他地区，与这些地区分布的 5A 级景区有关，而缺乏 4A 级以上景区的县域，旅游人次则明显偏少。

（一）武陵山片区旅游人次总体演变

2011 年以来，武陵山片区的旅游人次实现了持续的增加（见图 2-3），2011 年和 2012 年武陵山片区的旅游人次尚不足 1.5 亿人次，2013 年已经接近 2 亿人次，到 2016 年武陵山片区的旅游人数达到了 3.5 亿人次，约是 2011 年的两倍，显著快于全国的平均水平（全国旅游人次从 2011 年的 27.76 亿人次增长到 2016 年的 45.78 亿人次），旅游产业呈现出良好的发展态势。

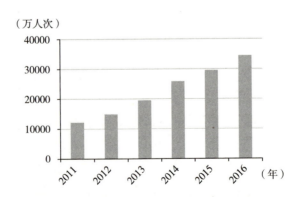

图 2-3 武陵山片区 2011~2016 年旅游人数

（二）武陵山片区旅游人次演变省际差异

2011年以来，片区内的湖南、湖北、重庆、贵州等分片区旅游人次均实现了大幅增加，但各片区旅游人数的变动趋势具有显著差异（见图2-4）。其中，湖南片区的旅游人数一直显著高于其他三省片区的旅游人数，这与其面积和人口的显著优势有关。2011年湖南片区的旅游人数达到6300万人次的水平，其他三省片区的旅游人数依次为重庆片区近2900万人次、湖北片区2300万人次、贵州片区700万人次，湖南片区旅游人次相当于其他三省市片区旅游人次之和。到2016年，各省片区的旅游人数均得到大幅提升，湖南片区依然保持着片区内旅游领头羊的地位，旅游人次达到了1.8亿人次，湖北、贵州、重庆等省市片区的旅游人次也分别达到5500万人次、6000万人次和8000万人次。

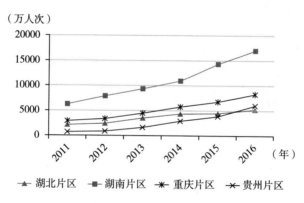

图2-4 武陵山各省片区旅游人次的变动趋势

（三）武陵山片区旅游人次演变县域差异

利用Arcgis10.3软件，可得到2011年、2014年、2016年武陵山片区旅游人次县域空间分布（见图2-5）。从时间上来看，各地区的旅游人次总体上有了显著的提升，2011年只有张家界武陵源区、永定区、武隆县、凤凰县的旅游人次超过了600万人次，其中武陵源区、永定区、武隆超过1000万人次；2014年酉阳县、秭归县、利川市、丰都县、吉首市、新化县、彭水县、恩施市等县市都超过600万人次，其中武陵源区、永定区、武隆县则超过 1500 万人次；2016 年江口县、碧江区、巴东县、长阳县、涟源市、石柱县、黔江区、新宁县等地区的旅游人次超过 600 万人次，其中，酉阳县、利川市、丰都县、凤凰县、吉首市、新化县、彭水县、恩施市等地区的旅游人次都已经超过 1000 万人次，武陵源区、永定区、武隆县则超过 2000 万人次。从旅游人次标准差椭圆中心的变化来看，从 2011~2016 年整体变动较小，向南方向略有移动，说明片区南部的铜仁，以及湖南的新宁县、通道县、新化县等地旅游人次增长更为显著；整体来看，旅游收入比较高的地区主要还是集中在片区北部，重庆片区、湖北片区和湖南片区北部仍然具有显著的优势。

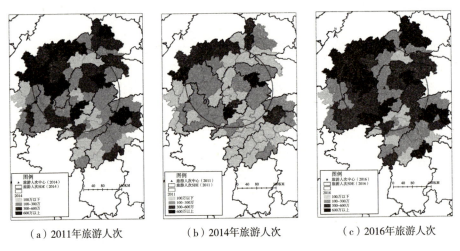

（a）2011年旅游人次　　　　（b）2014年旅游人次　　　　（c）2016年旅游人次

图 2-5　2011 年、2014 年、2016 年武陵山片区旅游人次演变县域分布与中心演变

各县域的旅游人次差异比较显著，根据旅游人次数量可将各县市区分为不同的等级（见表 2-3）。旅游人次比较高的地区主要集中在恩施、重庆片区、湖南张家界等地，而怀化、邵阳与遵义等地的旅游人次增长则比较缓慢。张家界武陵源、永定区、武隆县一直是片区旅游人次的龙头，2011 年旅游人次都已经超过 1000 万人次，而会同县、麻阳县、新晃县、中方县和辰溪等县到 2016 年旅游人次尚不足 100 万人次。酉阳县、秭归县、利川市、丰都县、吉首市、新化县、彭水县、

恩施市是旅游人次增长最快的地区，2011年不足500万人次，酉阳县、秭归县和彭水县甚至不足300万人次；2014年超过600万人次，其中吉首市和新化县超过900万人次，而彭水县和恩施市则超过1000万人次。巴东县、石柱县、长阳县、秭归县、江口县、涟源市、新宁县、碧江区、黔江区等地区的旅游增长潜力很大，2011年不足400万人次，2014年接近600万人次，到2016年已经超过600万人次。

表2-3　　　　　　　　武陵山片区旅游人次县域分级

旅游人次	2011年县域名录	2014县域名录	2016县域名录
100万人次以下	会同县、麻阳县、新晃县、保靖县、洞口县、万山区、绥宁县、城步县、邵阳县、道真县、正安县、中方县、石门县、新邵县、武冈市、古丈县、花垣县、靖州县、来凤县、隆回县、宣恩县、溆浦县、泸溪县、建始县、辰溪县、余庆县、鹤峰县、通道县、秀山县、湄潭县、务川县、龙山县、思南县、洪江市，共34个	邵阳县、会同县、万山区、麻阳县、新晃县、正安县、绥宁县、城步县、道真县、中方县、泸溪县、保靖县、辰溪县、宣恩县、鹤峰县，共15个	万山区、邵阳县、新晃县、城步县、中方县、辰溪县、麻阳县、会同县、正安县，共9个
100万~200万人次	五峰县、鹤城区、印江县、冷水江市、德江县、玉屏县、涟源市、安化县、石阡县、沿河县、松桃县、咸丰县、沅陵县、凤冈县、永顺县，共15个	靖州县、武冈市、来凤县、隆回县、洞口县、新邵县、务川县、古丈县、鹤城区、安化县、慈利县、湄潭县、余庆县、通道县、建始县、溆浦县、冷水江市、龙山县、五峰县、花垣县，共20个	鹤峰县、道真县、保靖县、泸溪县、隆回县、洪江市、武冈市、宣恩县、来凤县、绥宁县、务川县、洞口县，共12个

旅游人次	2011年县域名录	2014县域名录	2016县域名录
200万~400万人次	慈利县、桑植县、彭水县、江口县、长阳县、新宁县、秭归县、芷江县、黔江区、酉阳县、碧江区、石柱县、新化县、吉首市、巴东县，共15个	秀山县、玉屏县、思南县、石阡县、洪江市、沿河县、德江县、沅陵县、松桃县、印江县、桑植县、凤冈县、永顺县、咸丰县，共14个	古丈县、鹤城区、靖州县、德江县、安化县、五峰县、花垣县、冷水江市、建始县、龙山县、湄潭县、余庆县、新邵县、溆浦县、沅陵县、通道县、玉屏县，共17个
400万~600万人次	利川市、丰都县、恩施市，共3个	芷江县、江口县、石门县、碧江区、巴东县、长阳县、涟源市、石柱县、黔江区、新宁县，共10个	秀山县、思南县、石阡县、沿河县、桑植县、松桃县、印江县、芷江县、咸丰县、永顺县、凤冈县、石门县、慈利县，共13个
600万~1000万人次	凤凰，共1个	酉阳县、秭归县、利川市、丰都县、凤凰县、吉首市、新化县，共7个	巴东县、石柱县、长阳县、秭归县、江口县、涟源市、新宁县、碧江区、黔江区，共9个
1000万人次以上	永定区、武隆县、武陵源区，共3个	彭水县、恩施市、武陵源区、永定区、武隆县，共5个	利川市、酉阳县、丰都县、吉首市、恩施市、凤凰县、新化县、彭水县、武陵源区、武隆县、永定区，共11个

（四）湘西州旅游人次演变

一直以来，湘西州委、州政府都十分重视旅游业发展，始终坚持将旅游业作为"优先发展的战略性支柱产业"，先后出台了《关于进一步加快旅游产业发展的决定》《关于加快文化旅游产业建设的决议》等系列文件。湘西州持续推进生态文化旅游业资源整合，加强顶层设计，注重整体联动，凤凰县旅游龙头不断做大做强，州府吉首市旅游集散中心建设积极推进，旅游产业规模空前壮大。从旅游接待人数来看，2011~2016 年，湘西州游客年接待量由 1486 万人次猛增到 3820 万人次，年均增速在 20% 以上（见图 2-6）。从各地的差异来看，凤凰和吉首的发展速度显著高于其他地区，到 2016 年都已经超过 1000 万人次；泸溪县和保靖县不足 200 万人次；花垣县、古丈县和龙山不足 300 万人次；只有永顺突破了 500 万人次，区域之间的发展极不均衡。因此，湘西州要落实全域旅游发展理念，强化旅游区域协同与合作，发挥好凤凰县的龙头作用和吉首市的集散中心作用，激发乡村旅游的活力；要创新旅游开发机制，做好生态文化资源挖掘，打造大规模与高质量的景区，特别是跨县域的 5A 级景区；做好营销创意，特别是区域联合营销，利用各种途径扩大神秘湘西的知名度，做强神秘湘西旅游品牌，实现湘西州旅游人次的全面提升。

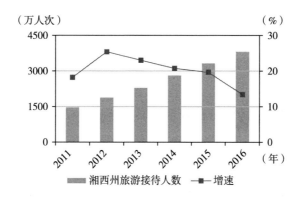

图 2-6　湘西州 2011~2016 年游客年接待量及增速统计

三、武陵山片区旅游收入时空演变

随着旅游人次的持续增长，武陵山片区各地的旅游收入也大幅增加，但各地的差异比较明显。旅游人次对旅游收入具有显著影响，旅游人次高的地区，旅游收入也明显高于其他地区。同时，区域旅游产业的发展质量也是影响旅游收入的重要因素。

（一）武陵山片区旅游收入总体演变

2011~2016年，武陵山片区的旅游总收入逐年增加（见图2-7）。2011年武陵山片区的旅游收入为665亿元，到2016年片区的旅游收入达到了2450亿元，2016年是2011年的近4倍，年平均增长率达30%，不仅明显快于旅游人次的增长速度，也显著快于全国的平均水平（全国旅游收入从2011年的2.25万亿元增长到2016年的4.69万亿元）。

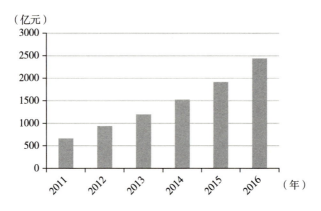

图2-7　2011~2016年武陵山片区旅游总收入

（二）武陵山片区旅游收入演变省际差异

武陵山片区内各省片区的旅游收入的变化也各不相同（见图2-8）。湖南片区的旅游收入一直高于其他三省片区的旅游收入，2011年湖南片区的旅游收入达到350亿元的水平，其他三省片区的旅游收入基本在100亿元的水平，湖南片区的旅游收入是其他三省市片区旅游收入的3倍。到2016年，各省片区的旅游收入一路走高，湖南片区旅游收入达到了1200亿元水平，湖北、贵州、重庆等省市片区的旅游收入也分别达到450亿元、450亿元和330亿元的水平。湖南、湖北、重庆、贵州各片区旅游收入的年平均增长率达到了28.4%、32.5%、33.5%和31.0%，也远高于各省市片区的地区生产总值的年平均增长率。

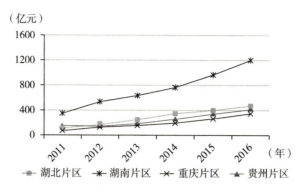

（亿元）

图 2-8　武陵山各省片区旅游收入的变动趋势

（三）武陵山片区旅游收入演变县域差异

利用 Arcgis10.3 软件，可得到 2011 年、2014 年、2016 年武陵山片区旅游收入的县域空间分布图（见图 2-9）。从时间上来看，各县市旅游收入总体上有了显著的提升。2011 年只有张家界武陵源区和永定区旅游收入超过了 50 亿元，还有道真县、新晃县等 12 个县的旅游收入在 1 亿元以下；到 2014 年只有三个县的旅游收入在 1 亿元以下，超过 10 亿元的县达到 31 个，武隆县、吉首市、秭归县、新化县、恩施市、凤凰县等 8 个县市也超过 50 亿元；到 2016 年所有县市的旅游收入都已经超过 1 亿元，在 5 亿元以下的只有 8 个，超过 50 亿元的县达

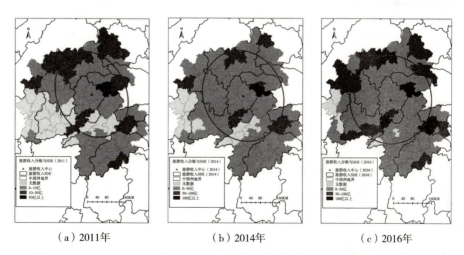

（a）2011年　　　　　　　（b）2014年　　　　　　　（c）2016年

图 2-9　2011 年、2014 年、2016 年武陵山片区旅游收入县域分布与中心演变

到 17 个，恩施市、新化县和凤凰县等县市旅游收入超过 100 亿元。从旅游收入标准差椭圆中心的变化来看，2011~2016 年整体变动较小，向西南方向略有移动，表明近年来贵州和重庆的旅游收入增长更为迅速；整体来看，旅游收入比较高的地区主要是片区的北部边缘地区，恩施市、永定区、武陵源区等仍然是旅游收入最高的地区。

各县域的旅游收入差异比较显著，根据旅游收入高低可将各县市区分为不同的等级（见表 2-4）。旅游收入比较高的地区主要集中在恩施、重庆片区、张家界等地。张家界的武陵源和永定区一直是片区旅游收入的龙头，2011 年是唯一超过 50 亿元的地区，其中永定区在 2014 年接近 150 亿元，2016 年已经接近 300 亿元。恩施市、凤凰县和新化县是增长最为快速的地区，2011 年不足 50 亿元，2014 年超过 50 亿元，到 2016 年已经增长到 100 亿元以上，与张家界一起成为区域旅游发展的龙头。秭归县、彭水县、武隆县、碧江区、吉首市、江口县、新宁县等地 2011 年以来发展很快，2011 年旅游收入超过 10 亿元，2014 年旅游收入只有 50 亿元左右（其中武隆县、吉首市、秭归县超过 50 亿元），到 2016 年已经接近 100 亿元，发展潜力很大。新晃县、麻阳县、会同县、保靖县、鹤峰县、中方县、万山区、泸溪县等地的旅游发展较慢，到 2016 年旅游收入尚未突破 5 亿元。

表 2-4　　　　　　　　　武陵山片区旅游收入县域等级

旅游收入	2011 年县域名录	2014 县域名录	2016 县域名录
1 亿元以下	道真县、新晃县、麻阳县、会同县、新邵县、泸溪县、邵阳县、保靖县、辰溪县、花垣县、务川县、溆浦县，共 12 个	新邵县、麻阳县、新晃县，共 3 个	
1 亿~5 亿元	万山区、洞口县、来凤县、靖州县、中方县、绥宁县、宣恩县、鹤峰县、龙山县、古丈县、德江县、石门县、正安县、武冈市、城步县、五峰县、丰都县、秀山县、建始县、隆回县、洪江市、余庆县、鹤城区、湄潭县、通道县，共 25 个	会同县、绥宁县、万山区、保靖县、泸溪县、靖州县、中方县、宣恩县、古丈县、正安县、鹤峰县、道真县、城步县、洞口县、花垣县、来凤县，共 16 个	新晃县、麻阳县、会同县、保靖县、鹤峰县、中方县、万山区、泸溪县，共 8 个

旅游收入	2011 年县域名录	2014 县域名录	2016 县域名录
5 亿~10 亿元	彭水县、沿河县、冷水江市、安化县、永顺县、黔江区、思南县、芷江县、酉阳县、沅陵县、玉屏县、桑植县、凤冈县、涟源市、印江县，共 15 个	武冈市、务川县、德江县、辰溪县、溆浦县、隆回县、安化县、洪江市、龙山县、秀山县、通道县、邵阳县、湄潭县，共 13 个	靖州县、城步县、宣恩县、武冈市、洞口县、花垣县、正安县、古丈县、道真县、辰溪县、绥宁县、邵阳县、隆回县，共 13 个
10 亿~50 亿元	石阡县、秭归县、慈利县、咸丰县、松桃县、长阳县、江口县、石柱县、新化县、巴东县、利川市、吉首市、新宁县、碧江区、恩施市、武隆县、凤凰县，共 17 个	建始县、余庆县、五峰县、玉屏县、沅陵县、永顺县、桑植县、冷水江市、鹤城区、思南县、沿河县、石阡县、黔江区、松桃县、凤冈县、慈利县、芷江县、印江县、酉阳县、石柱县、丰都县、咸丰县、巴东县、彭水县、江口县、利川市、长阳县、碧江区、石门县、涟源市、新宁县，共 31 个	德江县、来凤县、务川县、洪江市、溆浦县、安化县、龙山县、沅陵县、湄潭县、鹤城区、通道县、秀山县、建始县、余庆县、新邵县、五峰县、桑植县、玉屏县、芷江县、冷水江市、永顺县、慈利县、沿河县、思南县、黔江区、石柱县、石阡县、凤冈县、松桃县、印江县、咸丰县、巴东县、酉阳县，共 33 个
50 亿元以上	武陵源区、永定区，共 2 个	武隆县、吉首市、秭归县、武陵源区、新化县、恩施市、凤凰县、永定区，共 8 个	丰都县、江口县、长阳县、石门县、新宁县、利川市、涟源市、秭归县、彭水县、武隆县、碧江区、吉首市、武陵源区、新化县、凤凰县、恩施市、永定区，共 17 个

（四）湘西州旅游收入演变

2011 年以来，湘西州旅游收入迅速增加，从 2011 年的 77 亿元提高至 2016 年的 265 亿元，年均增速在 28% 以上（见图 2-10），远高于地方生产总值的增速。统计资料显示，2011~2016 年湘西州旅游业总收入相当全州 GDP 比重由 21% 提高到 49.9%，旅游业率先成为全州百亿产业，成为全州经济社会发展重要的主导性产业；旅游业总收入占湘西州第三产业比重由 49% 提升至 92%，旅游业成为带动湘西州第三产业发展和产业结构调整的重大抓手。从各地的差异来看，凤凰县和吉首市显著领先于其他县市，到 2016 年吉首市旅游收入达到 85 亿元，凤凰则达到 115 亿元；泸溪县和保靖县的旅游收入不足 5 亿元；花垣县和古丈县旅游收入不足 10 亿元；龙山和永顺旅游收入不足 30 亿元，差距显著。因此，湘西州要加大资源整合力度，发挥好凤凰的龙头作用和吉首的集散中心作用，带动其他县旅游产业均衡发展；提升旅游主题产品的创意水平与质量，立足湘西特色开发系列旅游产品；创新管理体制机制，提升旅游景区的运营水平，优化景区环境，提升游客体验性；优化产业结构，立足民族文化和区域的资源特色，提升旅游商品质量与特色，提升旅游收入质量；推动乡村旅游领域的创新创业工程，发挥好社会资本在旅游开发中的作用，强化商业模式创新和业态创新，提升旅游开发质量。

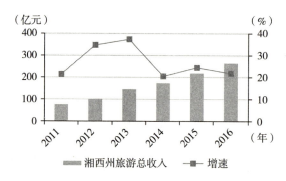

图 2-10 2011~2016 年湘西州旅游总收入及增速统计

四、武陵山片区乡村旅游扶贫村空间分布

从 2014 年开始，国家旅游局会同国家发展和改革委员会、国务院扶贫办等部门连续 3 年发布了 3 个有关旅游扶贫工作的通知，即《关于实施乡村旅游富民工程推进旅游扶贫工作的通知》《关于启动 2015 年贫困村旅游扶贫试点工作的通知》《关于印发乡村旅游扶贫工程行动方案的通知》，每个"通知"都附上了一定数量的旅游扶贫村名单，根据这些名单绘制出旅游扶贫村的空间分布图（见图 2-11）。由此可见，旅游扶贫的适应性越来越强、应用面越来越广、扶贫效果越来越好，在整个扶贫体系中占据了极其重要的地位，扮演了更加突出的角色。

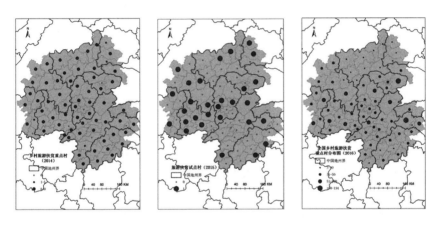

图 2-11　武陵山片区 2014 年、2015 年、2016 年各部委的旅游扶贫村分布

（一）武陵山片区国家旅游扶贫村分布

2014 年 11 月，国家发展和改革委员会牵头包括国家旅游局在内的八个部委发布《关于实施乡村旅游富民工程推进旅游扶贫工作的通知》，提出到 2015 年扶持约 2000 个贫困村开展乡村旅游，到 2020 年扶持约 6000 个贫困村开展乡村旅游，力争每个重点村乡村旅游年经营收入达到 100 万元，直接拉动 10 万贫困人口脱贫致富，间接拉动 50 万贫困人口脱贫致富；并提出了加强基础设施建设，提高规范管理水平，发挥精品景区辐射作用，加强重点村旅游宣传推广，加强人才培

训等五项重点任务。这个文件分两批共支持了 8000 个村寨发展乡村旅游，其中武陵山片区达到 496 个，占全国的 6.2%，平均每个县支持村寨达到 7 个。除了非国家级贫困县的张家界武陵源区、怀化鹤城区、洪江市、冷水江市、吉首市、余庆县、铜仁碧江区等少数县市区没有一个旅游扶贫村，秭归县和会同县有 3 个，五峰县有 4 个，凤冈县有 5个以外，其他县市区基本都有 6~9 个不等的旅游扶贫村寨，整体上分布比较平均，各地差异不大。

2015 年 5 月，国务院扶贫办牵头，联合国家旅游局发布《关于启动 2015 年贫困村旅游扶贫试点工作的通知》，在全国共选取 560 个建档立卡贫困村开展试点工作，提出各级扶贫部门和旅游部门要坚持"政府引导、社会参与、贫困户受益"的原则，科学规划、加大投入、广泛动员，切实把贫困村旅游扶贫试点工作抓紧、抓好、抓出成效，并将加强规划引导、加大资金投入、加大金融支持、组织开展培训、扩大社会参与、加强监督管理等作为 2015 年的重点工作。其中，武陵山片区的乡村旅游扶贫试点村数量达到 29 个，占全国的 5.3%，只有不足一半的县获得了旅游试点村扶持，且除了德江县获得两个外，其他获得的县都只有 1 个村。从区域的分布来看，试点村主要集中在武陵山片区腹地的湘西州和铜仁地区，这与政策的牵头单位扶贫办牵头有一定的关系。

2016 年 8 月，国家旅游局牵头，联合国家发展和改革委员会等部门联合发布《关于印发乡村旅游扶贫工程行动方案的通知》，提出要在"十三五"期间，力争通过发展乡村旅游带动全国 25 个省（区、市）22651 个建档立卡贫困村、230 万贫困户、747 万贫困人口实现脱贫。文件提出了科学编制乡村旅游扶贫规划、加强旅游基础设施建设、大力开发乡村旅游产品、加强旅游宣传营销、加强乡村旅游扶贫人才培训等乡村旅游扶贫工程主要任务，推出了乡村环境综合整治、旅游规划扶贫公益、乡村旅游后备箱和旅游电商推进、万企万村帮扶、百万乡村旅游创客、金融支持旅游扶贫、扶贫模式创新推广、旅游扶贫人才素质提升等八大乡村旅游扶贫专项行动。此文件中推出的全国乡村旅游扶贫重点村达到 2.26 万个，相比 2014 年的乡村旅游扶贫重点村扩容了 20 多倍，多数县的扶贫重点村都达到了数 10 个，部分县的扶贫村甚至达到100多个。其中武陵山片区达到2025个，占全国的8.9%，平均每个县近30个，比其他地区的支持力度更大，这与武陵山片区丰富的旅游资源和最大的贫困面积是密切相关的。由于支持的村寨比较多，各县区之间的分布也极不平均（见图2-11），秭归县、长阳县、五峰县、恩施市、利川市、建始县、巴东县、宣恩县、咸丰县、来凤县、鹤峰县、绥宁县、武冈市、新晃县、通道县、冷水江市、黔江区、余庆县18个县的旅游扶贫村不足10个，沅陵县、麻阳县、涟源市、永顺县、酉阳县、务川县、湄潭县、江口县和思南县等县市的扶贫村数量在50个以上，而慈利县和新化县的扶贫村数量则超过100个；其余的新邵县、邵阳县、隆回县、洞口县、新宁县、城步县、石门县、永定区、武陵源区、桑植县、安化县、鹤城区、中方县、辰溪县、溆浦县、会同县、芷江县、靖州县、洪江市、吉首市、泸溪县、凤凰县、花垣县、保靖县、古丈县、龙山县、丰都县、武隆县、石柱县、秀山县、彭水县、正安县、道真县、凤冈县、碧江区、玉屏县、石阡县、印江县、德江县、沿河县、松桃县、万山区等42个县的扶贫村数量在10~50个。整体来看，扶贫村主要集中在湘西州、铜仁、张家界及怀化等武陵山的腹地，北部边缘地区的宜昌、恩施和东南边缘地区的邵阳等地区的支持力度明显少于中部地区。

通过政策分析也可以发现，乡村旅游扶贫是旅游扶贫的重点和主要形式，其在地形极其崎岖、交通相对闭塞、经济较为落后但旅游资源富集的连片特困地区具有更为广阔的应用前景和实施空间。旅游产业发展水平比较低的地区，旅游扶贫村数量分布更多，国家政策扶持的意图明显。

（二）湘西州旅游国家扶贫村分布

2014年以来，湘西州在每次旅游扶贫项目中都有大量的村寨入选（见表2-5）。其中，2014年国家发改委牵头的乡村旅游扶贫重点村除了吉首市未获得支持，花垣县共获得6个村寨支持外，其他县都获得了9个名额（第一批3个，第二批6个），共获得60个名额，占全省302个的19.9%。

表 2-5　　　　　　　　　　2014 年湘西州乡村旅游扶贫重点村名录

县名	第一批名录	第二批名录
泸溪县（9个）	红土溪村、岩门村、铁山村	黄家桥村、上堡村、黑塘村、红岩村、岩门溪村、高山坪村
凤凰县（9个）	勾良村、舒家塘村、老家寨村	早岗村、老洞村、冬就村、黄毛坪村、拉豪村、菖蒲村
花垣县（6个）	金龙村、扪岱村、老寨村	十八洞村、坡脚村、茶园坪村
保靖县（9个）	夯沙村、吕洞村、梯子村	河边村、夯吉村、黄金村、亨章村、首八峒村、金落河村
古丈县（9个）	依溪镇毛坪村、龙鼻村、默戎镇毛坪村	树栖柯村、张家坡村、花兰村、老司岩村、列溪村、坐苦坝村
永顺县（9个）	司城村、双凤村、洞坎村	前进村、西米村、塔卧居委会、王木村、洞坎河村、小溪村
龙山县（9个）	捞车河村、长春村、乌龙山村	洗车村、茨岩社区、太平村、楠竹村、杨家村、新建村

　　2015 年国家扶贫办牵头的贫困村旅游扶贫试点，湘西州的凤凰县的麻冲乡老洞村、花垣县排碧乡十八洞村、保靖县夯沙乡夯沙村及古丈县默戎镇毛坪村等村获得试点支持，占全省 14 个的近 1/3。由于数量比较少，这几个试点村都具有特殊的资源，且旅游开发已经取得了一定成效。

　　2016 年国家旅游局牵头的全国乡村旅游扶贫重点村中，湖南省为1978 个，湘西州达到 244 个，只占全省的 12.3%（见表 2-6）。湘西州内部分布也不均衡，其中吉首和古丈不足 15 个，保靖县、泸溪县、凤凰县分别为 20 个、23 个和 34 个，而龙山、花垣和永顺分别为 42 个、44 个和 54 个。各地分布的巨大差异与其人口、区域面积、贫困人口数量及旅游资源有密切的关系，扶贫村主要分布在湘西州贫困程度更深、旅游资源更为集中的永顺、花垣、龙山和凤凰等县。

　　可以发现，国家对乡村旅游扶贫非常重视，湘西州要抓住旅游扶贫的政策机遇，加快区域旅游产业发展质量和水平，提升旅游扶贫效果。因此，针对未来湘西州的乡村旅游扶贫工程提出几个建议：一是连片集群开发，突破行政分的割限制，加大资源整合，规模村寨规模偏小对旅游开发的制约，按照旅游目的地打造的需要，将若干村寨进行整体打包开发，如吉首、花垣和保靖交界的旅游金三角，完全可以打造为大型5A级旅游目的地。二是要突出重点引领，几十个村子全部打造成功的难度很高，可以根据交通区域、旅游资源和发展基础等发展条件，每个县选择1~2个重点村进行打造，发挥引领和带动作用。三是要加大农村产业融合力度，发挥"旅游+"和"互联网+"的独特作用，强化商业模式创新和旅游业态创新，打造品牌型乡村旅游目的地。

表2-6　　　　　　　　2016年湘西州全国乡村旅游扶贫重点村

县名	行政村名
吉首市 （14个）	家庭村、坪年村、强虎村、三岔坪村、十八湾村、关侯村、西门口村、司马村、河坪村、补点村、坨丰村、富强村、云华村、张排村
泸溪县 （23个）	大溪村、蜂子岩村、高大坪、五里洲村、榆树坪村、长坪村、黄家桥村、麻溪口村、岩门溪村、鱼坪村、中塘村、五果溜村、下都村、新寨坪村、大陂流村、芭蕉坪村、梁家潭村、杜家寨村、甘溪桥村、李岩村、峒头寨村、张家坪村、暮江头
凤凰县 （34个）	箬子坪镇泡水村、廖家桥镇椿木坪村、廖家桥镇土桥坳村、廖家桥镇长坳村、落潮井镇勾良村、阿拉营镇龙合村、麻冲乡竹山村、阿拉营镇报木关村、落潮井镇报木树村、麻冲乡扭仁村、阿拉营镇舒家塘村、麻冲乡扭光村、千工坪镇香炉山村、阿拉营镇安坪村、麻冲乡老洞村、千工坪镇塘公坨村、阿拉营镇天星村、山江镇雄龙村、吉信镇茶山村、吉信镇大塘村、山江镇毛都塘村、吉信镇两头羊村、山江镇东就村、吉信镇满家村、沱江镇龙潭村、吉信镇高山村、吉信镇火炉坪村、吉信镇追仁村、禾库镇德榜村、禾库镇早齐村、禾库镇禾苗村、禾库镇新湾村、禾库镇崇寨村、箬子坪镇洞脚村
花垣县 （44个）	猫儿乡铅厂村、双龙镇十八洞村、长乐乡水坪村、花垣镇辽洞村、双龙镇岩锣村、双龙镇张刀村、双龙镇板栗村、花垣镇紫霞村、雅酉镇扪岱村、花垣县麻栗场镇老寨村、雅酉镇排腊村、龙潭镇草坪村、龙潭镇金溶村、龙潭镇张匹马村、补抽乡大卡村、补抽乡桃子村、边城镇茶园坪村、补抽乡高岩村、补抽乡鱼龙村、吉卫镇老卫城村、边城镇板栗村、吉卫镇腊乙村、石栏镇大排吾村、麻栗场镇尖岩村、吉卫镇牯牛村、边城镇南太村、雅酉镇坡脚村、边城镇磨老村、边城镇隘门村、花垣镇接溪村、边城镇骑马坡村、花垣镇洞溪坪村、花垣镇蚩尤村、花垣镇下寨河村、花垣镇夯渡村、双龙镇让烈村、麻栗场镇金牛村、麻栗场镇新桥村、双龙镇芷耳村、花垣镇杠劢村、双龙镇排料村、双龙镇龙孔村、双龙镇桃花村、麻栗场镇沙科村

县名	行政村名
保靖县（20个）	吕洞山镇梯子村、吕洞山镇张湾村、吕洞山镇夯吉村、清水坪镇下码村、比耳镇比耳村、复兴镇和平村、吕洞山镇金落河村、碗米坡镇沙湾村、葫芦镇新民村、吕洞山镇夯相村、碗米坡镇磋比村、碗米坡镇亚渔村、普戎镇波溪村、普戎镇糯梯村、葫芦镇木芽村、迁陵镇泗溪村、清水坪镇大坝村、清水坪镇清水坪村、长潭河乡马路村、吕洞山镇夯沙村
古丈县（13个）	张家坡村、毛坪村、对冲村、曹家村、九龙村、新窝村、毛坪村、列溪村、花兰村、翁草村、岩排溪村、石门村、老寨村
永顺县（54个）	灵溪镇列夕村、石堤镇硕乐村、石堤镇麻岔村、石堤镇九官坪村、首车镇双湖村、小溪镇羊毛村、石堤镇大利村、润雅乡凤鸣村、永茂镇樟木村、郎溪乡王木村、松柏镇三坪村、塔卧镇塔卧村、塔卧镇三家田、塔卧镇七里坪、砂坝乡合亲村、吊井乡吊井村、万坪镇龙寨村、万坪镇万福村、芙蓉镇克必村、万坪镇杉木村、万坪镇上坪村、石堤镇团结村、盐井乡李家村、石堤镇小黄村、首车镇龙珠村、灵溪镇那必村、小溪镇小溪村、芙蓉镇兰花洞村、朗溪乡楠木村、小溪镇杉木村、青坪镇太平村、吊井乡岩板村、青坪镇两岔村、万民乡万民村、西岐乡西龙村、灵溪镇毛坪村、青坪镇洞坎河村、灵溪镇富坪村、高坪乡那扎村、高坪乡雨禾村、灵溪镇泽树村、颗砂乡颗砂村、小溪镇展笔村、对山乡托家他布村、青坪镇洗壁村、大坝乡大井村、灵溪镇虎洛村、泽家砂土村、勺哈乡洞坎村、勺哈乡马鞍山村、两岔乡朵砂村、石堤镇前进村、灵溪镇司城村、西岐乡大竹岗村
龙山县（42个）	苗儿滩镇民主村、里耶镇巴沙村、洗车河镇老洞村、洗车河镇三个堡村、洗车河镇西吾村、洗车河镇干溪村、洗车河镇草果村、里耶镇天堂村、洗车河镇克洞村、靛房镇石堤村、靛房镇万龙村、桂塘镇乌龙山村、里耶镇真仙村、桂塘镇张家槽村、桂塘镇友谊村、咱果乡咱果村、洛塔乡枹木村、里耶镇清平村、洛塔乡梭椤村、洛塔乡五台村、里耶镇自生桥村、洛塔乡瑞士村、洛塔乡满湖村、茨岩塘镇甘露村、茨岩塘镇凉水村、茨岩塘镇包谷村、茨岩塘镇双新村、茨岩塘镇中山村、兴隆街道堰坝村、兴隆街道响水洞村、红岩溪镇凉风村、石羔街道青岗村、石羔街道苦竹村、农车镇汝池村、里耶镇树木村、里耶镇岩冲村、里耶镇双坪村、苗儿滩镇隆头村、内溪乡五官村、苗儿滩镇黎明村、苗儿滩镇树比村、苗儿滩镇六合村

五、主要结论

本章选取 2011 年、2014 年和 2016 年三个时间节点，从全域空间和局域空间相结合的视角洞察武陵山片区旅游产业发展的时空演变规律，对片区 71 个县（市、区）进行产业发展情况的时空对比，得到如下结论：

第一，高质量景区整体偏少。由于各地资源和开发水平不同，3A 级以上景区数量的区域差异比较大。拥有 5A 级景区最多的是湖北片区，拥有 4 处 5A 级景区，湖南和重庆片区各拥有 4 处 5A 级景区，贵州片区还没有 5A 景区。这种分布差异，直接影响了旅游产业的发展水平和绩效，打造高质量景区是片区未来发展的重点。

第二，武陵山片区的旅游人数持续增加。旅游人次已经从 2011 年的不足 1.5 亿人次，增长到 2016 年的 3.5 亿人次，是原来的两倍多。各地差异显著，2016 年利川市、酉阳县、丰都县、吉首市、恩施市、凤凰县、新化县、彭水县、武陵源区、武隆县、永定区等地的旅游人次已经超过 1000 万人次；武陵源区、武隆县、永定区已经超过 2000 万人次，显著领先于其他地区。旅游人次主要取决于高质量旅游资源的分布，张家界、酉阳、武隆、恩施的旅游人次显著高于其他地区，就与其拥有的 5A 级景区有关。未来，各地要以 5A 级核心吸引物打造为基础，立足宣传创意，做好游客的导入工作，夯实旅游发展基础。

第三，武陵山片区旅游收入持续快速增长。旅游收入从 2011 年的 665 亿元增长到 2016 年的 2450 亿元，是原来的近 4 倍，显著快于旅游人次的增长速度。但各地的差距很大，武陵源区、新化县、凤凰县、恩施市、永定区旅游收入到 2016 年已经超过 100 亿元，成为区域旅游发展的龙头。旅游人次对旅游收入具有显著的影响，但是旅游发展质量也是旅游收入的重要因素。未来，各地不仅要通过营销创意提升知名度，更要在旅游开发水平上下工夫，优化旅游产业结构，创新旅游业态，提高旅游收入质量。

第四，旅游扶贫村在旅游发展水平低的地区更为集中。从旅游扶贫村的分布可以发现，扶贫村主要集中在湘西州、铜仁、张家界及怀化等武陵山的腹地，北部边缘地区的宜昌、恩施和东南边缘地区的邵阳等地区的支持力度明显少于中部地区；旅游产业发展水平比较低的地区，旅游扶贫村数量分布更多，国家政策扶持的意图明显。未来，各地要抓住旅游扶贫的政策机遇，加快区域旅游产业发展质量和水平，提升旅游扶贫效果；要突出重点，做好资源整合与连片集群开发，打造品牌型乡村旅游目的地；加大农村产业融合，发挥"旅游 +"和"互联网 +"的独特作用，做好商业模式创新和业态创新。

第三章　武陵山片区旅游减贫效应分析

旅游扶贫是通过一系列旅游发展措施实现带动贫困人口脱贫、贫困地区发展目标的重要扶贫手段，因而旅游扶贫的成效通常以旅游发展带动的贫困减少即减贫效应来体现。不过，"旅游扶贫"与"旅游减贫"两个概念的内涵和外延存在一定差别。其中，"旅游扶贫"是以"扶贫""减贫"为直接目标来发展"旅游"，如旅游扶贫示范村、重点村工程等，而"旅游减贫"则更多考虑的是旅游发展所带来的客观效应，即减少贫困人口、降低贫困率等，并且这种效应更多的是间接效应，如旅游产业发展带动区域发展的溢出效应。虽然两者的侧重点不一样，但都强调旅游发展的"利贫性"，并且"旅游减贫"比"旅游扶贫"的外延更广，不仅考虑以"扶贫""减贫"为直接目标实施的旅游发展举措的贫困减少成效，还包括一般性旅游产业发展对贫困的影响效应。为了更全面地考察武陵山片区旅游发展对贫困的影响，本章使用"旅游减贫"概念，分年份、分旅游项目（资源类型）、分县域进行旅游减贫效应分析。同时，由于贫困的多维性，旅游减贫成效的评价应考虑对多个贫困维度的影响。不过，鉴于数据的可得性以及部分贫困维度难以量化的现实，本章重点关注旅游产业发展对经济（收入）贫困这一核心贫困维度的影响。在此基础上，以典型地区为例，简要分析旅游减贫的综合成效。

一、旅游减贫收入效应分析方法与数据来源

考虑到武陵山片区各县市区旅游减贫成效的异质性，研究方法上采用基于地理加权的局部参数估计 GWR 模型。同时，为了尽可能考

察旅游产业内部不同要素对经济贫困的影响，一方面，采用了旅游综合收入、3A级以上景区数量、乡村旅游重点村数量等旅游产业发展代理指标；另一方面，将经济贫困细分为绝对贫困和相对贫困，并分别以农民人均纯收入、城乡居民收入比作为代理指标。[①] 进一步地，通过2011年、2014年和2016年三个时间节点各县市区的对比分析，从全域空间和局域空间相结合的视角洞察武陵山片区旅游产业发展减贫效应的时空演变规律，进而为各县市区优化旅游减贫成效提供依据。

首先，对2011年、2014年和2016年旅游减贫效应建立分年度的GWR模型，分别以农民人均纯收入（代表绝对贫困）、城乡居民收入比（代表相对贫困）作为因变量，将旅游综合收入、3A景区数量、4A景区数量、5A景区数量、乡村旅游重点村（示范村）数量，以及总人口数、城镇化率、第二产业增加值、第三产业增加值等作为解释变量。其次，在系列诊断分析基础上，应用GWR4软件得到各年度模型的回归结果，特别是旅游业各代理变量对绝对贫困、相对贫困的影响系数、t值及模型拟合优度等。最后，应用Arcmap软件将各旅游业代表变量对绝对贫困、相对贫困的影响系数可视化，并作时空演变对比分析。

由于地理加权回归模型是本部分的核心研究方法，故对其基本原理做简单介绍。GWR（geographically weighted regression，GWR）是以线性回归模型为基础的局部参数估计模型，实质上是利用基于距离加权的局部样本估计出每个样本点各自独立的参数值。与传统计量回归模型相比，该方法不仅考虑了空间效应，而且考虑了空间非平稳性，通过将数据的地理位置引入到回归参数中，充分利用空间地理位置变化引起的参数变化信息，使估计结果更加精确。一般地，GWR模型如下：

$$y_i = \beta_0(\mu_i, \upsilon_i) + \sum_{j=1}^{k} \beta_j(\mu_i, \upsilon_i)x_{ij} + \varepsilon_i \qquad (3.1)$$

其中，y_i、y_{ij}、ε_i分别是因变量、第j个自变量和随机误差项；(μ_i, υ_i)是第i个样本点的空间（经纬度）坐标；$\beta_j(\mu_i, \upsilon_i)$是第$j$个自变量在地区$i$的回归系数。如果$\beta_j(\mu_i, \upsilon_i)$在不同空间样本点不变，则表明该自变量对因变量的影响在不同的地理空间上是一致的，具有同质性影响，

① 将农民人均纯收入、城乡收入比作为绝对贫困和相对贫困的代理指标的原因在于当前武陵山片区的贫困仍主要是农村贫困，在贫困率指标不可获得情况下，是一个比较好的选择。

反之，则表明影响具有异质性。

在 GWR 模型估计中，首先需要确定权重和带宽，通常采用高斯函数法来确定权重，应用基于交叉确认（cross-validation，CV）的方法来确定带宽。高斯函数的表达形式为：

$$w_{ij} = \exp[-(d_{ij}/b)^2] \qquad (3.2)$$

其中，b 为带宽；d 为样本点 i 和 j 之间的距离。带宽 b 不是唯一的，Brunsdon 等创建的交叉确认法常被用来选择一个最合适的 b，CV 的计算公式为：

$$CV = \sum_{i=1}^{n}[y_i - y_{\neq i}(b)]^2 \qquad (3.3)$$

其中，$y_{\neq i}(b)$ 是 y_i 的拟合值，CV 当达到最小值时，对应的 b 就是最佳带宽，当 b 为最佳带宽时 GWR 模型的 AIC 值最小。

本部分使用的数据包括武陵山片区 71 个县（市、区）2011 年、2014 年和 2016 年的旅游综合收入、3A 级及以上景区数、乡村旅游重点村（示范村）数、人口数、城镇化率、第二产业增加值、第三产业增加值，以及农民人均纯收入、城乡居民收入比等数据。由于片区并不是一个独立的统计单元，各县市区的相关数据均来自于相应年份的《湖南省统计年鉴》《贵州省统计年鉴》《湖北省统计年鉴》《重庆市统计年鉴》，以及各县市区统计公报、相关政府网站公布的政策文件（如《全国乡村旅游扶贫重点村汇总表》）、相关县市区旅游局提供的内部资料等。所涉及的空间计算则基于 Arcgis10.3 软件平台展开，空间参考为 Albers 投影（中央经线为 105°E，标准纬线为 25°N、47°N）。

二、代表年份旅游减贫收入效应分析及县际比较

（一）2011 年旅游减贫收入效应分析及县际比较

1. 旅游业发展对绝对贫困（农民收入）的影响效应

（1）旅游收入对农民收入的影响。由图 3-1（a）可知 2011 年旅游综合收入对农民人均纯收入的影响总体上并不明显，并且大体上以"东南→西北"走向的对角线为界，东北部旅游综合收入增加了农民的收入，其中

以湖北片区和张家界片区为主，向东南延伸到沅陵、安化、涟源等县市，湘西州的龙山、永顺两县也有正向影响。不过，正向影响系数都不大，最大值为旅游收入增加1亿元约使农民人均收入提升了12元。片区西南部的贵州片区、怀化片区、邵阳片区及重庆片区旅游综合收入的增加在一定程度上抑制了农民收入的增长，特别是贵州片区，影响系数为负，最小值约为−33，即旅游综合收入增加1亿元，农民人均纯收入约减少33元。

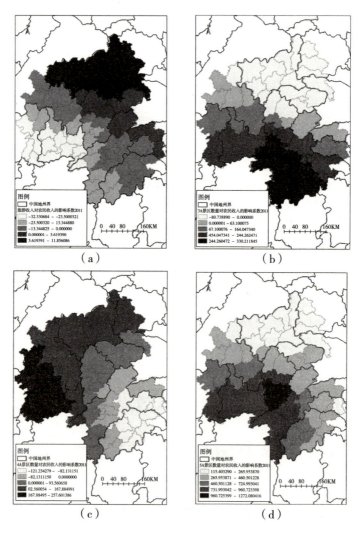

图3-1　2011年旅游收入、3A级以上景区对农民收入影响的GWR回归系数分布

（2）3A 级以上景区数量对农民收入的影响。由图 3-1 的（b）（c）
（d）可知，3A~5A 级景区数量对农民收入的影响存在较大差异。首先，
2011 年，除了东北部的湖北片区（含恩施州 8 县市和宜昌市 3 县市）、
张家界片区、石门县、石柱县，以及湘西州的龙山、永顺县外，广大
西南区域县市区的 3A 景区带来了农民收入的增长，增长幅度为每增加
1 个 3A 级景区带来农民人均纯收入增长为 67~330 元不等。其中，怀
化南部和邵阳南部表现最为突出，湘西州则是凤凰县的带动效应最强。
其次，4A 级景区对农民收入的带动效应总体上弱于 3A 级景区。带动
效应最强的是贵州片区，最高达到每增加 1 个 4A 级景区可提升农民人
均纯收入约 257 元，然后是重庆片区和湖北片区，湖南片区中除湘西
州（泸溪除外）、张家界、石门及怀化少数县市以外，其他区域 4A 级
景区反而对农民收入增长有抑制作用，娄底和邵阳片区更为突出，最
大抑制效应达到每增加 1 个 4A 级景区减少农民人均纯收入约 121 元。
最后，5A 级景区对农民收入的带动效应最大并且在片区内所有县市区
都有正向影响。片区中部和西南部的带动效应更为明显，特别是凤凰
县及周边 4 县市区，也就是说如果在湘西州凤凰县或周边县市增加 1
个 5A 级景区将带动农民人均纯收入增长为 960~1272 元。即便是对带
动效应相对较弱的北部地区，增加 1 个 5A 级景区也能使农民人均纯收
入约增加 115~265 元。

2. 旅游业发展对相对贫困（城乡收入差距）的影响效应

（1）旅游收入对城乡收入差距的影响。由图 3-2（a）可知，2011
年除西南部区域的贵州片区和怀化市的新晃县以外，大部分县市区旅
游收入在一定程度上缩小了城乡收入差距，降低了相对贫困。其中，
东北部的湖北片区、东部的娄底片区旅游收入对降低城乡收入差距贡
献较大，影响系数处于 -0.0052~-0.0046，即旅游综合收入增加 1 亿
元，城乡收入比值将下降 0.0046~0.0052。湘西州 8 县市旅游综合收
入在一定程度上都缩小了城乡收入差距，降低了相对贫困，其中龙山、
永顺两县的效应相对更明显，旅游综合收入增加 1 亿元，城乡收入比
值下降 0.0036~0.0046。旅游收入加剧相对贫困的是贵州片区西南部县
市区和怀化的新晃县，旅游综合收入增加 1 亿元，城乡收入比值最大
上升幅度达到 0.0016。

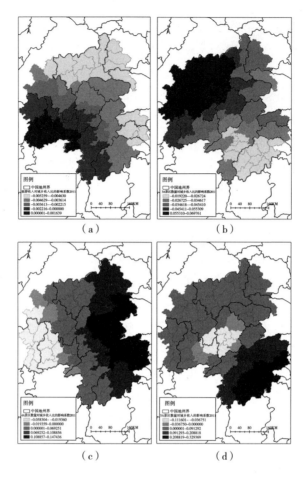

图 3-2　2011 年旅游收入、3A 级以上景区对城乡收入比影响的 GWR 回归系数分布

　　（2）3A 级以上景区数量对城乡收入差距的影响。由图 3-2（b）可知，2011 年 3A 级景区数量增加在一定程度上拉大了城乡收入差距，或者说，3A 级景区的带动效应具有城镇偏向，即对城镇居民收入的带动效应强于对农民收入的带动效应。影响系数在 0.0192~0.0697，其中，片区西北部县市区的城镇化偏向强于东南部县市区，重庆片区、贵州片区北部、湖北片区的西部大部分县市区每增加 1 个 3A 级景区，将使城乡收入比上升 0.0553~0.0697；东南部的邵阳片区、怀化片区部分县市的城镇化偏向相对偏弱，每增加 1 个 3A 级景区，城乡收入比将上升 0.0192~0.0267；湘西州与片区整体类似，北部的城镇化偏向强于南部

地区。

4A级景区方面由图3-2（c）可知，大部分县市区同样具有城镇化偏向，并呈由东到西依次减弱的特征，娄底片区、张家界片区，以及石门、沅陵、安化等县每增加1个4A级景区，城乡收入比将上升0.1088~0.1474，不过，贵州片区大部分县市以及重庆的武隆县4A级景区能带来城乡收入差距缩小，系数为-0.0583~-0.0193。湘西州8县市区4A级景区均扩大城乡收入差距，并且永顺、古丈县更为明显。

5A级景区和4A级景区相似，由图3-2（d）可知大部分县市区具有城镇化偏向，并且在东南部的邵阳片区、娄底片区表现更为突出，若增加1个5A级景区，将使城乡收入比上升0.2088~0.3293。片区中部少数县市区，如湘西州（除龙山外）和秀山、松桃、江口、印江等，5A级景区能缩小城乡收入差距，若增加1个5A级景区，城乡收入比最高可下降0.1116。

（二）2014年旅游减贫收入效应分析及县际比较

1. 旅游业发展对绝对贫困（农民收入）的影响效应

（1）旅游收入对农民收入的影响。由图3-3（a）可知，2014年旅游综合收入对农民人均纯收入的影响总体上仍不明显，具有正向影响即带动农民收入增长的县市区集中在片区西部的贵州片区和重庆片区境内（见图3-3）。其中，尤以贵州片区的遵义市辖区内的县市区为主。不过，影响力弱，旅游综合收入每增加1亿元，仅能带动农民人均纯收入上升约2.51元。东南部的邵阳片区、娄底片区、安化和石门县旅游综合收入的增加在一定程度上抑制了农民收入的增长，影响系数为负，最大抑制系数为-4.33，即旅游综合收入增加1亿元，农民人均纯收入约减少4.33元。湘西州（除保靖外）旅游综合收入对农民收入的影响系数处于-2.6389~0，虽为负向影响，但作用有限。与2011年相比，旅游综合收入对农民人均纯收入不论是正向还是负向影响的强度都明显减弱。

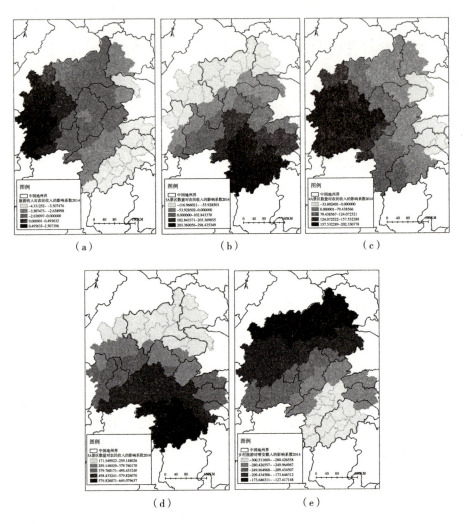

图 3-3　2014 年旅游收入、3A 级以上景区对农民收入影响的 GWR 回归系数分布

（2）3A 级以上景区数量对农民收入的影响。由图 3-3（b）可知，2014 年 3A 级景区数量对农民收入的影响以"西南→东北"走向的对角线为界，东北部为负向影响，西南部位正向影响，并且往西北、东南方向负向和正向影响依次增强。正向影响最强的分布在邵阳片区和怀化片区的南部，每增加 1 个 3A 级景区，农民人均纯收入增长 203~298 元。负向影响最强的分布在湖北片区、重庆片区和贵州片区的北部，每增加 1 个 3A 级景区，农民人均纯收入下降 53~116 元。湘西州

除龙山以外，其余县市区 3A 级景区的增加均能带来农民收入的增长，最大增幅约为 203 元。

由图 3-3（c）可知，4A 级景区对农民收入正向影响的分布要广于 3A 级景区，仅有娄底片区、石门、慈利、安化和新邵等少数县市为负向影响区域，最大负向影响程度为 −33 元，即增加 1 个 4A 级景区，农民人均纯收入的最大降幅为 33 元。而正向影响则由东向西逐渐增强，贵州片区和重庆片区大部分县区的正向影响强度较大，达到 157~202 元，即增加 1 个 4A 级景区，可带动农民人均纯收入上升 157~202 元。湘西州内花垣和保靖两县正向影响强度较大，也达到了 157~202 元。

由图 3-3（d）可知，5A 级景区仍然对所有县市区农民收入都有正向影响并且影响强度也相对最大。空间分布上则由北向南依次增强，也就是说越往南部，增加 5A 级景区对农民收入的边际带动效应则越强，如怀化片区和邵阳片区南部，增加 1 个 5A 级景区，可带动农民收入增长 579~649 元。即便是在 5A 景区分布占优的湖北片区、张家界片区，增加 1 个 5A 级景区，仍能带动农民收入增长 171~259 元。不过，相对于 2011 年，3A 级以上景区数量对农民收入的影响强度都有所下降，呈现出边际效应递减趋势。

（3）乡村旅游对农民收入的影响。2014 年，国家旅游局协同国务院扶贫办等相关部门启动了乡村旅游扶贫工程，确立了首批旅游扶贫重点村。那么，乡村旅游扶贫的成效如何呢？回归结果显示［见图 3-3（e）］，2014 年乡村旅游扶贫尚未发挥预期成效。片区所有县市区旅游扶贫重点村数量与农民收入之间均存在负向关系，即旅游扶贫重点村越多，农民人均纯收入越低。从空间分布上来看，由北向南，乡村旅游对农民收入的负向影响依次增强，在邵阳片区和怀化片区南部，每增加 1 个旅游扶贫重点村，农民收入下降 280~300 元。北部湖北片区的负向影响则相对较小，每增加 1 个旅游扶贫重点村，农民收入下降 127~173 元。需要强调的是，导致这一结果的原因可能有两个方面：一是旅游扶贫重点村名单的确定本身考虑了贫困的因素，即在越贫困的县市确定更多的旅游扶贫重点村；二是乡村旅游的发展需要一个过程，在启动初期不仅不能给农民带来收入，反而要增加农民的投入，减少了其他收入的来源。

2. 旅游业发展对相对贫困（城乡收入比）的影响效应

（1）旅游收入对城乡收入差距的影响。由图 3-4（a）可知，与 2011 年不同，2014 年旅游综合收入对城乡收入比的影响系数在片区内所有县市区均为正，系数区间为［0.0002，0.0033］，并且在空间分布上大体呈由西向东依次增强的特征。西部贵州片区和重庆片区大部分县市区的影响强度较弱，旅游综合收入每增加 1 亿元，城乡收入比上升 0.0002~0.0011，而东部娄底片区、邵阳片区东部，以及湖北秭归县、湘西州古丈县的影响强度较大，旅游综合收入每增加 1 亿元，城乡收入比上升 0.0030~0.0033。纵向比较来看，旅游收入增长的包容性不及 2011 年，虽然整体上对城乡收入差距扩大的效应本身不强，但增强旅游收入对农村、农民的溢出效应，提升旅游产业发展的包容性不容忽视。

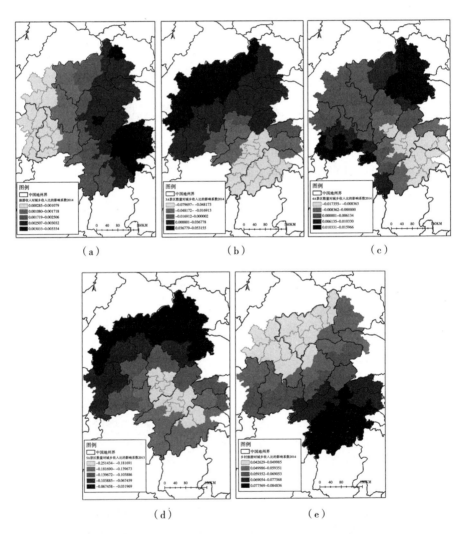

图 3-4　2014 年旅游收入、3A 级以上景区对城乡收入比影响的 GWR 回归系数分布

（2）3A 级以上景区对城乡收入差距的影响。由图 3-4（b）可知，2014 年仍有大部分县市区 3A 级景区数量增加导致城乡收入差距扩大，这些县市区分布在片区的北部，包括湖北片区、重庆片区、张家界片区、贵州片区的大部分县市、石门、沅陵，以及湘西州的龙山、永顺县，其影响强度最大达到 0.0531，即增加 1 个 3A 级景区，可使城乡收入比上升 0.0531，可见，这些县市区 3A 级景区收入带动效应的城镇偏向性较强。南部邵阳片区和怀化片区的大部分县市区则 3A 级景区能在一定程度上缩小城乡收入差距，最大影响程度为 -0.0481，即增加 1 个 3A 级景区，能使城乡收入比下降 0.0481。湘西州 8 县市除龙山、永顺县外，增加 3A 级景区能缩小城乡收入差距，并且南部 4 县市的缩小效应更明显。

4A 级景区方面由图 3-4（c）可知，与 2011 年相似，大部分县市区景区收入带动效应同样具有城镇化偏向，最为明显的是东北部的湖北片区、张家界片区和西南部的贵州片区南部，增加 1 个 4A 级景区可使城乡收入比上升 0.0103~0.0159，进一步扩大城乡收入差距。片区西北部 4A 景区的收入带动效应也具有城镇化偏向，但影响程度较低，最大影响系数约为 0.0061。景区收入带动效应具有农村偏向的区域主要分布在片区的东南部，如邵阳片区、娄底片区、怀化片区的大部分县市，这些区域每增加 1 个 4A 级景区可带来城乡收入比的下降，最大降幅约为 0.0173。与 2011 年均扩大城乡收入差距不同，2014 年湘西州 8 县市中龙山、永顺、凤凰 3 县的 4A 级景区收入带动效应偏向城镇，吉首、泸溪等 5 县市的 4A 级景区收入带动效应则偏向农村，这意味着部分县市 4A 级景区发展的包容性增强。

5A 级景区方面由图 3-4（d）可知，片区内所有县市区都在一定程度上能缩小城乡收入差距，表现出较强的包容性。总体上，收入差距缩小效应由北向南增强，效应最强的区域为湘西州南部、怀化片区北部和邵阳片区的东北部，最大效应为增加 1 个 5A 级景区可带来城乡收入比下降约 0.2514，是 2011 年的两倍多。即便是缩小效应最弱的北部县市区，增加 1 个 5A 级景区也能带动城乡收入比下降约 0.0319。湘西州 8 县市中除龙山、永顺外，其余县市均为片区内收入差距缩小效应最强的区域。

（3）乡村旅游对城乡收入差距的影响。由图3-4（e）可知，与乡村旅游尚未带动农民收入增加一致，片区所有县市区旅游扶贫重点村数量与城乡收入比之间都存在正向关系，即旅游扶贫重点村越多，城乡收入比越高，城乡收入差距越大。从空间分布上来看，由西北向东南，影响效应依次增强，在邵阳片区和怀化片区南部，每增加1个旅游扶贫重点村，城乡收入比上升0.0775~0.0848。北部的恩施州片区、重庆片区的影响则相对较小，每增加1个旅游扶贫重点村，城乡收入比约上升0.0426~0.0499。导致乡村旅游反而扩大城乡收入差距的原因如下：一是乡村旅游或旅游扶贫的目的在于扶贫，而旅游扶贫重点村布点主要分布在相对贫困突出、城乡收入差距大的县市区；二是乡村旅游的发展在启动初期相应的配套设施不完善，游客更倾向于在附近的城镇"吃住行"，从而收入带动效应具有城镇偏向性。

（三）2016年旅游减贫收入效应分析及县际比较

1. 旅游业发展对绝对贫困（农民收入）的影响效应。

（1）旅游收入对农民收入的影响。由图3-5（a）可知，2016年旅游综合收入对农民人均纯收入的带动效应仍不明显，仅有正安、道真、武隆、丰都、石柱、咸丰、巴东、五峰、永顺、保靖、吉首和泸溪12个县（市、区）旅游综合收入的增长带来了农民人均纯收入的增长，而且影响效应弱，旅游综合收入每增加1亿元，仅能带来农民收入上升约1元。与2014年相比，这种带动强度仍在下降。这12个县（市、区）以外的县市区旅游综合收入的增加在一定程度上反而抑制了农民收入的增长，影响系数为负，最大抑制系数为−2.41，即旅游综合收入增加1亿元，农民人均纯收入约减少2.41元，与2014年相比，影响强度也有所下降。相对而言，湘西州有1/2的县市区旅游综合收入对农民收入有正向影响，与2014年相比，包容性明显增强。并且占片区具有正向影响的县市区数量的1/3，表现较为抢眼（见图3-5）。

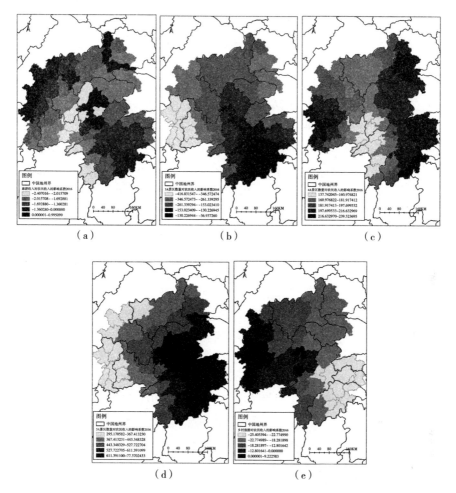

图 3-5　2016 年旅游收入、3A 级以上景区对农民收入影响的 GWR 回归系数分布

（2）3A 级以上景区数量对农民收入的影响。由图 3-5（b）可知，2016 年 3A 级景区数量对农民收入的影响全部变为负向效应，影响强度由东西两部向中部、中部由北向南依次减弱。负向影响最强的分布在贵州片区西部，每增加 1 个 3A 级景区，农民人均纯收入下降 346~416 元。负向影响最弱的分布在邵阳片区、怀化片区南部，以及湘西州的泸溪、吉首、保靖境内，每增加 1 个 3A 级景区，农民人均纯收入下降 36~130 元。整体负向影响强度较 2014 年明显增强。

由图 3-5（c）可知，4A 级景区对农民收入的影响则在片区内所有县市区全部变为正向效应，影响强度的空间分布与 3A 级景区的影响类似，由东西两部向中部、中部由北向南依次减弱。影响强度最高的区域分布在贵州片区西部以及片区东部的长阳、五峰、石门、安化、新化、涟源、冷水江、新邵、邵阳和新宁等县市，增加1个4A级景区可使农民人均纯收入上升216~319元，影响强度最弱的分布在铜仁、怀化和湘西州三地交界处，以及会同、靖州两县，增加1个4A级景区可使农民人均纯收入上升137~160元。湘西州8县市增加1个4A级景区对农民收入的带动效应处于137~216元。整体上，4A级景区发展的包容性强于2014年，并且影响强度也有所增强。

由图3-5（d）可知，5A级景区对农民收入的正向效应仍然覆盖了片区所有县市区，并且影响强度相对于2014年有所增强，虽然最大正向效应仍不及2011年，但影响程度的分布更为均衡。空间分布上则由西北向东南依次增强，也就是说越往东南部，增加5A级景区对农民收入的边际带动效应则越强，如娄底片区、邵阳片区及湘西州的东部，增加1个5A级景区，可带动农民收入增长611~733元。即便是带动效应相对较弱的贵州片区西部、重庆片区西北部，增加1个5A级景区，仍能带动农民收入增长295~367元，是2014年影响强度最弱县市区带动效应的两倍左右。

（3）乡村旅游对农民收入的影响。由图3-5（e）可知，与2014年不同，片区内部分县市区乡村旅游扶贫的成效开始显现，对农民收入的增长产生了正向影响。这些区域主要分布在贵州片区的遵义市、铜仁市的沿河、德江县，以及湘西州的保靖县和凤凰县。最大影响幅度为9.22，即增加1个乡村旅游扶贫重点村可带动该县农民人均纯收入增加约9.22元。此外，大多数县市区乡村旅游与农民人均纯收入仍为负向关系，即旅游扶贫重点村越多，农民人均纯收入越低。从空间分布上来看，由西向东，负向效应逐渐增强，东南部的娄底片区、邵阳片区，以及周边的安化、溆浦、辰溪等县的负向效应最强，每增加1个旅游扶贫重点村，农民收入下降22~25元，不过相对于2014年而言，下降幅度已有了极大的缓和，仅为2014年的1/10左右。这意味着，虽然乡村旅游对于大部分县市区的减贫效应尚未显现，但随着旅游扶贫重点村旅游景点、设施的完善，游客数量的增加等，旅游减贫的成效将逐渐显现的趋势比较明显。值得一提的是，湘西州的保靖县、凤凰县和贵州遵义市在乡村旅游扶贫方面已率先取得了成效，也为其他地方提供了榜样。

2. 旅游业发展对相对贫困（城乡收入比）的影响效应

（1）旅游收入对城乡收入差距的影响。由图3-6（a）可知，与2014年相似，2016年旅游综合收入对城乡收入比的影响系数在片区内所有县市区均为正，系数区间为 [0.0000，0.0012]，不过影响强度下降了 2/3，在空间分布上依然呈由西向东依次增强的特征，其中湘西州的吉首、古丈是例外。吉首、古丈、贵州片区西北部、重庆片区西北部的县市区一起均为影响效应最弱的区域，在这些县市区，旅游综合收入每增加 1 亿元，城乡收入比约上升 0.0000~0.0002，而东部地区由北至南甚至包括中部湘西州的永顺、保靖县影响强度较大，旅游综合收入每增加 1 亿元，城乡收入比上升 0.0010~0.0012。纵向比较来看，旅游收入增长的包容性不及 2011 年，但略好于 2014 年，虽然仍存在扩大城乡收入差距的效应，但影响强度与 2014 年相比下降了 2/3。

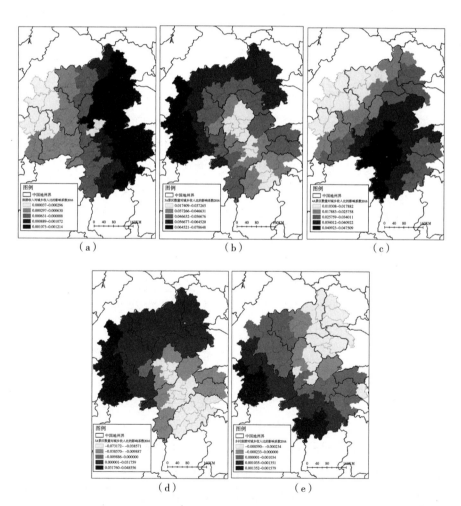

图 3-6　2016 年旅游收入、3A 级以上景区对城乡收入比影响的 GWR 回归系数分布

（2）3A级以上景区对城乡收入差距的影响。由图3-6（b）可知，2016年与3A级景区抑制农民收入增长一致，在所有县市区3A级景区数量与城乡收入比存在正向关系，即随着3A景区数量的增加，城乡收入比提升，城乡收入差距扩大，其影响强度处于[0.0174，0.0786]区间内。与2014年相比，不仅对城乡收入差距有扩大效应的区域在扩张，而且影响强度也有所上升，最大值上升了约0.0255。从图3-6（b）上来看，影响强度由外围向中心，由北部向南部逐渐减弱。其中，贵州片区和重庆片区的西部城乡收入差距扩大效应最强，增加1个3A级景区，可使城乡收入比最大上升0.0786，可见，这些县市区3A级景区收入带动效应的城镇偏向性强。中部的湘西州片区、怀化片区中部以及南部邵阳片区中部县市区3A级景区收入带动效应的城镇偏向相对较弱，增加1个3A级景区，城乡收入比上升0.0174~0.0372。

由图3-6（c）可知，4A级景区方面，收入带动效应具有城镇化偏向的县市区范围进一步扩展到整个片区，偏向强度在空间上呈由西北、东南方向向湘西片区南部、怀化片区西南部逐渐增强的特征。偏向性最弱的是片区西北部恩施州、重庆片区（渝东南）和遵义市部分县市区，增加1个4A级景区可使上述县市区城乡收入比上升0.0103~0.0178，比2014年城镇偏向最强区域的收入扩大效应略大。湘西片区南部、怀化片区西南部的县市区收入带动效应的城镇偏向性最强，最大系数达到0.0475，即增加1个4A级景区使城乡收入比上升0.0475。可见，4A级景区旅游业发展的包容性在2014年有所增强之后又有明显下降。特别是，湘西州有5个县市在2014年4A景区的收入带动效应具有农村偏向，而到2016年都再次转变为城镇偏向了。

由图3-6（d）可知，5A级景区方面，相对于2014年包容性有所下降，贵州片区、重庆片区（秀山除外）、湖北片区以及湖南片区的张家界片区、石门县、龙山县和新晃县均退出5A级景区能缩小城乡收入差距的阵营，其中贵州片区和重庆片区西部县市区5A级景区对城乡收入差距的扩大效应较强，最大效应为增加1个5A级景区带动城乡收入比上升0.0485。湖南片区大部分县市区和重庆的秀山县5A级景区的发展仍能缩小城乡收入差距，其中邵阳片区、怀化片区东南部和湘西州的中南部县市区的缩小效应较为明显，增加1个5A级景区带动城乡收入比的最大降幅为 0.0385，不过，这一降幅远远低于 2014 年的 0.2514，也低于 2011 年的 0.1116。可见，整体而言，2016 年 5A 级景区旅游业发展的包容性下降明显，而湖南片区下降的幅度相对较小，大多数县市区仍具有一定的包容性。

（3）乡村旅游对城乡收入差距的影响。与 3A 及以上景区旅游业发展的包容性有所下降不同，由图 3-6（e）上看出，2016 年乡村旅游的减贫效应开始显现，部分县市区乡村旅游的发展开始缩小城乡收入差距。空间上主要分布在湖北、湖南片区的东北部、湘西州的大部分区域以及娄底片区的东部，这些县市区每增加 1 个旅游扶贫重点村，城乡收入比最大降幅为 0.0002。显然，这种降幅仍然偏小，即乡村旅游减贫的成效虽然开始出现，但强度仍然很低。此外，大部分县市区乡村旅游发展的收入带动效应仍具有城镇偏向性，其中，贵州片区的西南部、邵阳片区的西南部表现更为明显，这些区域内每增加 1 个旅游扶贫重点村，城乡收入比上升 0.0013~0.0015，不过，相对于 2014 年而言，城镇偏向性的程度有显著下降，下降比率达 97%。这意味着，即便大部分县市区乡村旅游的减贫效应尚未显现，但其收入带动效应的城镇偏向强度已大大下降，也就是说，乡村旅游的收入带动效应在慢慢由城镇向农村倾斜，乡村旅游的包容性、益贫性在未来几年将会更加凸显。

三、典型地区旅游减贫综合成效分析

（一）张家界市旅游减贫综合效应

张家界市作为武陵山片区旅游产业发展的龙头，自建市以来始终坚持"一手抓旅游、一手抓扶贫"的工作方针，依托旅游加快经济社会全面发展，旅游已成为脱贫攻坚和全面小康社会建设的引擎。除了经济成效外，其就业带动成效也十分显著，堪称旅游就业减贫的典范。

2016 年，全市实现旅游业增加值 259.91 亿元，占全市 GDP 的 52.17%；旅游扶贫脱贫 21505 人，旅游脱贫贡献率为 39.45%；旅游就业 21.42 万人，占全市总就业的 26.83%；农民人均旅游可支配收入 3324.49 元，占农民人均可支配总收入的 42.61%。核心景区所在地武陵区更是依托旅游在湖南省率先整区脱贫摘帽，旅游扶贫成效显著。

2016年全市旅游就业21.42万人，比上年同期增加10891人，增长5.36%。其中，第一产业33136人，比上年同期减少12126人，下降了26.79%；第二产业36610人，比上年同期增加就业4408万人，增长了13.69%；第三产业144444人、比上年同期增加18609人，增长了14.79%。与旅游相关的第二、第三产业成为2016年张家界市旅游就业减贫的增长点。

表3-1　　　　　　　　张家界市旅游带动就业人数　　　　　　单位：人，%

指标	2015年旅游从业人员	2016年旅游从业人员	增速
合计	203299	214190	5.36
第一产业	45262	33136	−26.79
第二产业	32202	36610	13.69
第三产业	125835	144444	14.79
其中：批发和零售业	41877	39214	−6.36
交通运输、仓储和邮政业	10027	8583	−14.41
住缩和餐饮业	12630	6919	−45.22
信息传输、软件和信息技术服务业	2368	2110	−10.89
金融业	29589	29543	−0.16
房地产业	5341	4691	−12.17
租赁和商务服务业	1022	4527	343.12
科学研究和技术服务业	42	28	−33.04
水利、环境和公共设施管理业	15391	23719	54.11
居民服务、修理和其他服务业	970	1033	6.49
教育	53	33	−37.53
卫生和社会工作	667	1169	75.22
文化、体育和娱乐业	3937	2462	−37.47
公共管理、社会保障和社会组织	7123	21685	204.45
国际组织	22	0	−100.00

资料来源：张家界市旅游统计研究院，《旅游精准扶贫湖南张家界样本》，2017年8月15日。

（二）邵阳市旅游减贫综合效应

旅游景区是邵阳市旅游扶贫的主阵地和排头兵，景区强则农家乐强，旅游购物点强。该市紧扣建设景区，提升产品为主题，大力提升旅游扶贫"造血""输血"能力，不断探索扶贫新模式。以新宁崀山为例，随着崀山旅游事业的发展壮大，越来越多的原住民收获到了旅游带来的"红利"，旅游扶贫效果明显，已促进 5 个贫困村脱贫出列。原住民是旅游景区的"第一主人"。崀山景区在员工招聘中制定了专项优惠政策，景区管理岗位原住民比例在 50% 以上；景区摊点、卫生保洁、保安、护林防火等服务和公益性岗位必须在原住居民中安排，建立了 78 人的保洁队伍和 26 人的保安队伍。通过让原住民直接就业，参与管理服务，进一步增强了他们的主人翁意识，帮助景区原住民脱贫致富，促进了景区和谐发展。

2014~2016 年，邵阳市的崀山、南山、云山、花瑶、望云山、挪溪、黄桑、蔡锷故居、紫薇博览园、湘窖酒业等重点景区共投入景区提质建设资金 30 多亿元，带动农家乐、购物点、酒店、旅行社共投入 100 亿元，带动各县区市共 131438 人脱贫，其中 56870 人已达小康水平。

表 3-2　　　　　　　　2014~2016 年邵阳市旅游带动脱贫人数　　　　　　　单位：人

县、市、区	旅游景区开发建设带动脱贫	农家乐开发建设带动脱贫	旅游购物点开发建设带动脱贫	旅行社及酒店等旅游企业带动脱贫
绥宁县	2540	2270	510	920
新邵县	7950	4780	800	2390
城步县	2680	2160	720	850
新宁县	8800	3200	5600	1500
大祥区	3200	1700	200	2100
双清区	1500	2960	450	4800
北塔区	1200	2500	650	3200
隆回县	7280	4435	512	2457
邵东县	7100	9120	7000	6000
邵阳县	2300	1134	560	1780
武冈市	4340	2870	600	1820
合计	48890	37129	17602	27817
总计	131438			

资料来源：邵阳市旅游局，2017年8月。

（三）湘西州旅游减贫综合效应

2016年，全州乡村旅游接待游客713万人次，实现旅游收入26.1亿元，带动37174人脱贫。州直属成员单位和各县市积极归集项目资金，申报、实施了游步道、旅游厕所、旅游标识牌等一批乡村旅游项目。龙山县投入资金达1.2亿元，永顺县、古丈县投入投资超过5000万元，其他县市投入资金均突破1000万元。全州示范推进的19个乡村旅游扶贫重点村项目建设来势喜人，位于坐龙峡村的坐龙峡景区、捞车村的惹巴拉景区、乌龙山村的乌龙山大峡谷景区、老家寨村的老家寨—苗人谷景区成功创建国家3A级旅游景区，惹巴拉管线入地、影视基地、铁索桥、民宿酒店、休闲农业、旅游公路六大工程集中开工建设，概算总投资3.16亿元。全州土家族、苗族生态文化乡村游精品线路建设完成投资3.3亿元，其中土家族生态文化乡村游精品线路建设完成投资2.1亿元，苗族生态文化乡村游精品线路建设完成投资1.2亿元。

全州适合开展乡村旅游的村有284个，其中建档立卡贫困村244个，涉及贫困人口93655人。经积极向上申报，244个建档立卡贫困村全部被列入全国乡村旅游扶贫重点村，53个村寨列入第四批中国传统村落，8个村寨列入第二批国家少数民族特色村寨。全州范围内评选了10家乡村旅游示范村、10家星级农家乐、10家特色民宿和10种特色旅游商品，提高了村民积极参与乡村旅游的积极性，全州新建的农家乐、特色民宿均达到50家以上，研发特色旅游商品40多种。花垣县国家级现代农业科技园、花垣县雅桥生态农业园、永顺县高坪万亩山地生态农业示范园、泸溪县武溪镇柑橘标准化栽培示范区4个现代农业园，龙山县惹巴拉、凤凰县塘桥两个休闲观光农业示范片累计完成投资7213万元，接待游客40多万人次，实现乡村游收入近1500多万元，累计带动农户1400多户，近4000人，农旅融合的叠加效应逐步凸显。

组织全州84个乡村旅游重点村的120多名干部、旅游专干参加了国家旅游局、省旅游局分别举办的干部及旅游专干培训班，组织16个乡村旅游重点村干部赴河南省栾川县进行了现场学习考察。各县市开展了一系列培训活动，吉首市在矮寨镇幸福村开展了乡村旅游专业技能培训，并对接全市 14 家旅游企业，针对建档立卡贫困户提供 200 余个旅游行业工作岗位。龙山县组织开展乡村旅游培训 7 期，参训人员达 1200 人次。通过上述培训，极大地提升了贫困村的人力资本水平。

（四）铜仁市旅游减贫综合效应

2016 年该市乡村旅游接待 1226.6 万人次，实现乡村旅游收入 111.3 亿元，乡村旅游经营户达 3000 余户，乡村旅游直接从业人员 4 万人、间接从业人员 40 万人。打造国家级休闲农业与乡村旅游示范县和示范点各 1 个、省级示范点 7 个，市级示范点 10 个。74 个村列入国家旅游扶贫重点村，碧江九龙村等 13 个村、万山官田村等 146 村分别被纳入全省 100 个乡村旅游扶贫示范村和 1000 个乡村旅游重点村寨。依托苗王城、云舍、尧上等民族旅游村寨打造 4A 级旅游景区 3 个、3A 级旅游景区 7 个。打造"农业园区景区化、农旅一体化"星级园区景区 18 个。

以 74 个国家级乡村旅游扶贫重点村建设为抓手，加强对全市 425 个适合发展乡村旅游的贫困村旅游扶贫村的建档立卡、动态管理，确保旅游精准扶贫落实到位。通过"点、线、面"结合，把田园观光、农事体验、休闲度假、民族文化体验、农业生态旅游等作为旅游扶贫的重要载体，围绕重点景区、城市郊区、旅游交通干线周边发展乡村旅游，村民通过发展乡村旅舍、农家乐、旅游购物、农业观光经营和旅游商品、旅游工艺品、土特产生产等，实现脱贫致富。

全市 21 家 3A 级以上景区带动 253 村 19006 户农户从事旅游服务，其中带动 1.5 万余户贫困户在旅游服务中脱贫致富。全市建成 84 个省、市级现代山地高效农业示范园区，通过实施"园区景区化、农旅一体化"工程，带动 50 个贫困村、600 户贫困户脱贫致富。全市旅游商品企业带动 4 万多贫困群众就业创业。贫困群众在直接参与旅游经营、参与旅游接待服务、出售自家农副土特产、土地流转、资源资产入股旅游经营等旅游扶贫中获得多份收入，收入大幅度提高，加快了脱贫致富奔小康的步伐，20 余万名贫困群众在旅游产业发展中获益。

此外，通过推进"旅游 +"扶贫，让贫困人群既不离乡又不离土，避免了土地荒废、产业空心、夫妻分居、"孤寡老人""留守儿童"等一系列困扰社会的问题。如今的农村，留住了年轻人，一些外出务工人士"雁归"创业，大学生返乡参与旅游服务，农村更加和谐稳定。2015年，铜仁市群众安全感达到97.3%，排名全省第4位。实现7个国家扶贫工作重点县和125个贫困乡镇减贫摘帽，贫困发生率降低到15.54%，全面小康实现程度达到89.3%，碧江、玉屏率先通过全面小康达标验收。

四、主要结论

通过对2011年、2014年和2016年旅游收入、3A级以上景区数量、乡村旅游重点村数量对农民人均纯收入、城乡收入比影响的地理加权回归系数（GWR）的时空对比分析，可得到如下宏观层面的结论。

第一，旅游收入对农民收入及城乡收入差距的边际影响递减。武陵山片区大部分县市区旅游综合收入对农民收入为负向影响，具有正向影响的县市区在空间上由东北部向西部再向西北、东北和中部分散分布，数量逐渐减少，影响强度（不论正向还是负向影响）逐渐下降。旅游综合收入带动效应总体上呈现城镇偏向性，即更有利于城镇居民收入的提升，2011年绝大部分县市区旅游收入增加缩小了城乡收入差距，但2014年、2016年所有县市区旅游收入增加扩大了城乡收入差距，不过，2016年影响强度有明显下降。

第二，3A级景区对农民收入的正向影响逐渐减弱（包括影响强度下降和县市区数量逐渐减少）、负向影响逐渐增强（包括影响强度上升和县市区数量逐渐增加），空间分布上具有正向影响且影响强度较大的县市区主要分布在片区南部。3A级景区的带动效应总体上也具有城镇偏向性，2011年和2016年，所有县市区3A级景区旅游业发展都扩大了城乡收入差距，2014年湖南片区大部分县市区3A级景区旅游业发展在一定程度上缩小了城乡收入差距。

第三，4A级景区对农民收入的正向影响逐渐增强（包括影响强度上升和县市区数量逐渐增加）、负向影响逐渐减弱（包括影响强度下降和县市区数量逐渐减少），空间分布上具有正向影响且影响强度较大的县市区主要分布在片区西南部（2016年部分县市出现在东北和东南部），并且各县市区的差异逐渐缩小。4A级景区带动效应的城镇偏向性逐渐增强（包括影响强度上升和县市区数量逐渐增加）、农村偏向性逐渐减弱（包括影响强度下降和县市区数量逐渐减少），空间分布上具有农村偏向性的县市区主要分布在贵州片区（2011年）和湖南片区（2014年）。

第四，5A级景区对农民收入均具有正向影响且影响强度最大，空间分布上影响强度最大的区域主要分布在湖南片区，覆盖面逐渐扩大，但各县市区的差异趋于缩小。5A级景区带动效应的城镇偏向性先减弱后有所反弹（包括影响强度和县市区数量）、农村偏向性先增强后有所下降（包括影响强度和县市区数量），空间分布上农村偏向性最强的县市区主要分布在湘西州及周边区域，并向东南方向延伸，其中2014年所有县市区5A级景区的收入带动效应均具有农村偏向性。

第五，乡村旅游扶贫工程作为产业扶贫的重要举措，从实施到成效显现需要一个过程，2014~2016年，虽然大部分县市区乡村旅游尚未带来农民收入增加、降低城乡收入差距，但2016年开始呈现乡村旅游扶贫减贫的预期成效，一是部分县市区乡村旅游带来了农民收入增加或降低了城乡收入差距；二是其余县市区抑制农民收入增长或扩大城乡收入差距的强度有了显著下降，不过，乡村旅游减贫的成效总体还很弱。空间分布上，贵州片区、湘西州部分县市率先取得了乡村旅游扶贫的成效。

第六，从典型地区旅游减贫综合成效来看，旅游扶贫是一种综合成效明显的多维减贫手段。一是旅游扶贫主要通过带动就业（如参与旅游经营和参与旅游接待服务）、出售自家农副土特产、土地流转、资源资产入股等方式分享旅游发展"红利"，增加人均旅游可支配收入；二是依托乡村旅游基础设施建设改善人居环境，借助乡村旅游培训提升人力资本，通过"回乡"创业就业解决土地荒废、产业空心、夫妻分居、孤寡老人、留守儿童等系列社会问题，全面改观贫困生态。

第四章 武陵山片区旅游扶贫典型案例

2013 年以来，武陵山片区各地以精准扶贫思想为指导，立足生态文化资源优势和特色，以旅游开发作为实施精准扶贫的重要途径，形成了诸多典型的旅游扶贫案例①。2016 年 8 月，国家旅游局公布的 280 个全国旅游扶贫示范项目中，片区共有 17 个项目入选（见表 4-1）。其中，湘西州委、州政府把乡村旅游作为推动精准扶贫、精准脱贫的重要引擎，把乡村旅游脱贫工程列为全州精准脱贫十项工程之一，乡村旅游扶贫成为湘西人民脱贫致富的新希望，取得了明显成效。2016 年，全州乡村旅游接待游客 713 万人次，实现旅游收入 26.1 亿元，带动 37174 人脱贫；2017 年接待游客达到 900 万人，新带动 35000 人脱贫。通过大力推广景区带村型、产业带动型、能人带户型、"合作社 + 农户"型、"公司 + 农户"型等旅游扶贫模式，武陵山片区各地涌现出一批具有示范引领、典型带动作用的乡村旅游模范县市、示范村寨和致富带头人。

表 4-1　　　　　　　　武陵山片区全国旅游扶贫示范项目

片区	景区带村	能人带户	合作社 + 农户	公司 + 农户
湖南	邵阳市新宁县崀山景区 湘西永顺县老司城景区	石清香（吉首市坪朗村致富带头人） 田邦文（龙山县洗车河镇牙龙湾村村主任）	沅陵县借母溪乡乡村旅游农家乐扶贫合作社 桑植县洪家关乡万宝山茶业有限公司（合作社）	溆浦县雪峰山生态文化旅游有限责任公司

① 本章的案例资料主要来源于相关旅游部门提供的内部资料及网站资料，并经过了加工处理。

片区	景区带村	能人带户	合作社＋农户	公司＋农户
湖北		覃登军（恩施市盛家坝乡二官寨养殖合作社总经理）	五峰自治县天蓝蓝果蔬专业合作社	
贵州	铜仁市梵净山景区	杨兴（遵义湄潭县茅坪镇土槽村黄金树避暑庄园总经理） 刘禄胜（江口县寨沙侗寨—月上人家农家乐经营户）		
重庆	武隆县天生三桥景区	冉淑琼（黔江区天构旅游发展有限公司总经理）	武隆县赵家乡白马山乡村旅游专业合作社 石柱县黄水人家乡村旅游专业合作社鱼池分社	酉阳县冷溪农业投资有限公司

一、党政主体介入型

（一）彭水县罗家坨苗寨

曾经的新式村交通闭塞、相对落后，是真正的贫困村，但也因为长期的闭塞，使村内的"罗家坨苗寨"得以较好保存、传统的生产生活习俗得以延续，曾经的劣势正转化为发展苗俗文化旅游的后发优势。"罗家坨苗寨"地处鞍子镇与梅子镇、诸佛乡结合部的新式村四组，距政府所在地 6 公里，面积约 8 平方公里。寨内共有农户 50 多户、300 余人，有瓦木结构房屋 243 间，曾经因户主全部姓罗而得名"罗家坨苗寨"。寨内罗氏家人较好保留了苗家人特有的生产生活习俗，具有显著的苗俗特色。2009 年，经深入调研对比，县委县政府开始对"罗家坨苗寨"实施全面"保护性"开发建设，争取到国家民委、财政部将"罗家坨苗寨"纳入全国少数民族特色村寨保护与发展试点项目，县级各部门在县委县政府的领导和统筹下，大力支持"罗家坨苗寨"的建设。

1. 整合资金完善配套设施建设

建成了镇政府到"罗家坨苗寨" 6 公里的乡村旅游公路，对寨内所有房屋进行修旧如旧、改厨改厕，连户路、环山路和农户院坝全部铺设青石板，新建了苗寨大门、文化墙、人饮工程和具有旅游接待功能的新式村便民服务中心，复建罗氏祠堂，新挖建荷花池，为农家乐经营户配套接待设施等。截至目前，县民宗委、农委、财政局、水务局、交委、城乡建委等已累计整合资金近 2000 万元用于"罗家坨苗寨"的基础设施建设。目前又在进行新一轮的提档升级建设。除"罗家坨苗寨"外，全村另外新建了两条共 7.47 公里村通畅公路，维修和新建 15.15 公里村组通达路，新建人行便道 24 公里，新建涉及 3 个组的 8 个人饮工程，有效解决了制约新式村发展乡村旅游的道路、饮水等配套问题。

2. 围绕提升苗寨知名度开展宣传营销

在县委的统筹下，县级各有关部门通过邀请主流媒体来镇采访、走出去主动营销等各种方式，大力对外宣传推广"鞍子苗寨"和"罗家坨苗寨"。同时，结合全县"一节一赛"，每年在鞍子举办多项活动，目前已成功举办包括"首届娇阿依赛歌会""2014·情定鞍子·金秋苗寨浪漫游""2015·爱在彭水·放歌鞍子欢乐游""2016·爱在彭水·放歌鞍子欢乐游"等多次精彩纷呈的乡村旅游活动，吸引众多县内外游客前来观光旅游、休闲度假。

3. 深入挖掘包装传承苗俗文化

组织专人挖掘收集整理本地传统习俗和文化，着手将苗家美食、传统运动项目和苗家民歌编制成册，并以适当的方式给予重现和传承，为鞍子苗俗文化旅游的深度发展打好基础。

4. 扶持引导农家乐规范发展

不仅在完善内外配套设施上给予农家乐经营户大力扶持，还积极借用和自己搭建各种平台，组织经营户外出参观学习，适应发展转变观念和经营习惯，引导其围绕突出苗俗特色规范发展，如在饮食方面，就突出引导经营户将腊猪蹄、鼎罐饭、现打糍粑、南瓜鱼、斑鸠豆腐、葫芦条、莽海椒、阴米子等苗家传统美食做精做地道，凸显特色。

5. 结合旅游大力培育特色农业发展

鞍子全域山清水秀，生态环境好，经济上长期以农业为主，农产品品种较多、品质优良。但本地农产品的商品化率高，以自产自用为主。随着国人对舌尖安全的越来越重视，单个农户自产的绿色生态农产品备受追捧，但由于收售渠道的限制，鞍子本地农业的发展一直没有大的突破。随着旅游产业的起步和发展，给鞍子传统农业带来巨大机遇，在县委县政府和县级相关部门的大力扶持下，鞍子镇培育了以经营本地特色农产品为核心业务的"苗香优质农产品股份合作社"。该合作社连续四年被评为全市"模范合作社"，2009年被国家科协、财政部联合评为"惠农兴村先进单位"，2012年被国家农业部和全国供销总社评定为首批"国家级示范社"。旗下的"苗妹香香"品牌成功申报为重庆市著名商标，"小米花生"获国家地理商标，其系列产品畅销县内外。对当地农业发展的带动作用极为明显。

在各级各部门的关心和扶持下，通过几届党委政府的接力努力，以"罗家坨苗寨"为核心的鞍子旅游产业逐渐起步，带动经济社会持续向好发展。2014年，鞍子镇被国家文化部命名为"中国民间文化艺术之乡"，被国家农业部命名为"全国一村一品示范村镇"；2015年，新式村被国务院扶贫办列为"全国乡村旅游扶贫试点村"，中央电视台《远方的家》《乡土》栏目，重庆电视台《走四方》《同耕中国梦》栏目，凤凰卫视《地理中国》栏目，华龙网在线访谈等多次采访报道，"罗家坨苗寨"被网友誉为"重庆最美苗寨"。新式村在乡村旅游的大力带动下，已在2015年如期实现整村脱贫，全村的农村居民人均可支配收入由2009年的5577元提高到2015年的9696元。

（二）正安县桃花源记景区

正安县桃花源记景区位于市坪苗族仡佬族乡龙坪村，与凤冈县、务川县毗邻，是遵义市三县七乡镇结合部的中心地带，102省道和道瓮高速公路倚景而过，地理位置优越，景区总面积5平方公里，核心规划面积2.8平方公里，总投资约3亿元，覆盖5个村民组353户1565人，其中建档立卡贫困户141户533人，辐射谢坝、市坪两个乡10664户37531人。桃花源记景区以陶渊明笔下的《桃花源记》为原型，按照"一山两世界、一洞两重天"的总体规划进行打造，充分展现现代与古朴，科技与原始的完美结合，景区以大阡古村风貌和天生桥地质奇观为重点资源依托，以4A景区为起点5A景区为目标创建的集生态观光、文化体验、养生祈福等旅游功能为一体的旅游胜地，景区包括桃花源旅游服务区、桃花源文化体验区、桃花湖滨水观光区、归园居民宿度假区、长寿茶怡心休闲区、五柳山森林养生区、龙桥阁山水探秘等七大游览区。构成了一幅美轮美奂的十里乡村画廊。景区平均海拔 1100 米，冬无严寒、夏无酷暑，气候宜人，是一处难觅的避暑圣地，更是人间休闲养生的天堂。正安县桃花源记景区旅游扶贫的经验主要在于两个方面。

一方面，坚持"旅游＋扶贫"的景区打造理念。为探索旅游扶贫模式，景区以"突出资源盘活、突出资金量化、突出农民参与"为宗旨，以贫困户脱贫为目标，牢牢树立"旅游＋扶贫"的打造理念，紧紧围绕"三个结合""三个保持""四个转变"的思路，全力推进桃花源记旅游扶贫示范区建设。遵循"三个结合"助力旅游扶贫，陶渊明《桃花源记》的意境与景区自然风貌相结合，苗族、仡佬族民族风俗与本土尹珍、忠孝文化相结合，旅游观光与脱贫攻坚相结合。在景区打造上充分考虑景区所在地的实际情况，做到旅游景区品牌创建、旅游产品孕育与带动当地贫困户脱贫致富相结合。坚持"三个不变"助力旅游扶贫，始终坚持"现状不变、风貌不变、民俗不变"原则打造，保持与世隔绝、古村田园的风貌不变，民居打造以"修旧如旧"方式进行，景观打造实行"锦上添花"，不大拆大建，不破坏良好生态，让当地农民既有"金山银山"，又有绿水青山。着力"四变模式"助力旅游扶贫，实现"民居变别墅、圈舍变茶舍、林田变股权、农民变股民"，实现"人与自然"的结合、"现代与古朴"的结合、"科技与原始"的结合，"旅游与扶贫"的结合，确保打赢脱贫攻坚战。

另一方面，实施"一调一搬、二搭三变"的扶贫措施。通过"易地扶贫搬迁、资源入股分红、务工经商就业、发展集体经济"四种模式，让群众真正成为旅游开发的受益者。调整产业，推动易地搬迁。景区核心区涉及大阡、国地溪两个自然村寨，共有土地 2500 余亩，政府采取征收、流转、退耕还林的方式全部处置，并引进闽黔蔬菜发展有限责任公司在景区门口开发菜旅一体园，解决农户的"一户一业"，让"农民变股民"；两个村寨共 91 户 351 人（精准扶贫户 46 户 176 人）整体搬迁到景区接待中心民族风情街，鼓励农民从事旅游商品经营，让"农民转变为个体商户"，实现"搬得出、稳得住、有房住、能致富"的愿望。提供商铺，搭建创业平台，景区规划了24孝美食街、商业街、移民街，提供商铺265个，鼓励景区周边农民租用商铺经营餐饮、特色小吃、地方特产等。同时有计划地引导景区周边农民发展农家乐、休闲农庄、乡村酒店等，延伸产业链条，推动一二三产业融合发展。培训农民，搭建就业平台。根据景区运营需要，开展导游、保安、厨师和保洁员等培训，择优录用当地农民在景区就业，人均年收入2万元以上，达到当年就业当年脱贫的成效。创新模式，推动产业发展，景区积极探索资源变股权、资金变股金、农民变股东的"三变"模式，鼓励农民将山林、土地等资源入股旅游产业，激发当地农民发展旅游业的积极性。

目前，景区共有300亩土地、2000亩山林、100亩荒地实现了资源变资产，入股农户户均增收1.4万元；景区打造建设实现了当地540户780余人务工就业，户均增收3万元以上；培训了导游、保安、厨师和保洁员等600余人次，择优录用150人在景区就业，人均年收入将达2万元以上，有效实现了当年就业当年脱贫的成效；兴建成15家家庭旅馆、6家农家乐；辐射带动了谢坝、市坪2个民族乡贫困户1354户5289人脱贫。

（三）花垣十八洞景区

2013年11月，国家主席、总书记习近平曾来花垣县十八洞村调研，作出了"因地制宜、实事求是、分类指导、精准扶贫"战略思路。四年以来，十八洞村不忘初心，坚定不移落实总书记的讲话精神，结合村里的实际，致力于打造中国最美丽乡村，积极探索可复制、可借鉴的精准扶贫模式和经验。十八洞村利用得天独厚的自然景观优势、特色民俗民风、特色建筑等，成立十八洞乡村游苗寨文化传媒有限责任公司，下设游客服务中心，大力发展农家乐、特色民宿、特色旅游商品等乡村旅游业态，实施规范管理，捆绑经营，实行"五统一"管理模式，即统一接团、统一分流、统一结算、统一价格、统一促销，实现村游机构有保障、游客有饭吃、有导游解说、有游道走，将十八洞村打造成为党的群众路线教育实践基地和农家乐、乡村游胜地，节假日和双休日前来旅游休闲观光的游客达数千人以上。形成了以乡村旅游业为核心，以猕猴桃为主的种植业，以湘西黄牛为主的养殖业，以苗绣为主的手工艺加工业，以劳务输出业为支撑的"旅游+"扶贫发展格局。

1. 夯实核心，筑牢乡村旅游顶层设计

为有效推进十八洞村精准扶贫工作，2014年1月，花垣县委抽调5名党员组成了十八洞精准扶贫工作队，同时选派第一支书驻村，工作队长和第一支书的党组织关系下转到村党支部，全力支持两委班子开展工作。在村委换届选举中推行"两述两评"制度，真正把讲政治、有文化、"双带"能力强、群众信任的能人选进班子，并创新增设建制专干和主干助理。通过竞争上岗，班子得到"换血"，3名产业带头人、1名大学生村干部成为村主干，能人当上主干助理，结构全面优化，为脱贫攻坚奠定扎实基础，筑牢了基层党组织的战斗堡垒。十八洞村精准扶贫工作队以乡村旅游为重点，制定了《十八洞村2014—2016年精准扶贫规划》，同时，在国家扶贫开发办和国家旅游局的关心下，协调安排成都杨振之来也旅游发展有限公司，义务为村里乡村旅游进行了详细的整体规划，为十八洞的发展指明了道路、定好了方向。

2. 抓住中心，把准乡村旅游建设方向

各项公共服务设施建设严重滞后是十八洞村发展的短板。习近平总书记特别强调"不栽盆景、不搭风景、不堆积资金"。为补足短板并避免过去扶贫经常出现大拆大建和资金堆积现象，驻村工作队和村支两委深入调查研究、组织党员干部、村民代表外出考察学习，并充分征求国家住建部专家团队、县委十八洞精准扶贫工作领导小组和县直相关职能部门的意见，严格按照习近平总书记提出的精准扶贫"可复制、可推广"六字原则去开发、建设，不搞高大上项目，不进行大拆大建。围绕这一原则，十八洞村确立了"人与自然和谐相处，建设与原生态协调统一，建筑与民族特色完美结合"建设总原则，以"把农村建设得更像农村"为理念，以打造"中国最美农村"，实现"天更蓝、山更绿、水更清、村更古、心更齐、情更浓"的目标，把"鸟儿回来了、鱼儿回来了、虫儿回来了、打工的人儿回来了、外面的人儿来了"确立为十八洞村乡村旅游的远大建设目标和努力方向，一步一个脚印，认真开展水、电、路改造、农村"五改"和公共服务设施建设，改善村民生活环境。即保持原生态的苗族建筑风格、风貌，修旧如旧，只对个别破烂不堪的民房外观进行修缮，并做好室内需要的改厨、改厕、改浴、改圈任务。目前水、电、路等基础设施全面完工，青石板路改造、1个停车场、一期游步道、村大门改造全面完工并投入使用，完成3个自然寨路灯安装和部分农户的改厨改厕任务。升级改造两所村小学、两所卫生室，落实低保对象33户115人，解决读书难、看病难、保障难三难问题。

3. 凝聚民心，提升群众思想道德水平

强化"一张好名片、一方好山水、一个好故事、一首好歌曲、一个好团队""五个一"宣传教育，增强十八洞村村民的文化自信心。《十八洞的月光》《不忘老乡亲》《不知该怎么称呼你》《因为你》一系列经典歌谣传唱，让十八洞村走向全国，走进了千家万户，十八洞村民群众脸上都洋溢着自信。坚持贯彻落实习总书记"实事求是，因地制宜，分类指导，精准扶贫"的战略思想，提升十八洞村产业建设的自生力。十八洞的溶洞山水自然景观、十八洞传说故事和精准扶贫红色摇篮让十八洞村发展文化旅游产业"造血式"扶贫攻坚有了资源保障。积极开展"农村道德讲堂"和思想道德星级管理模式等文化宣教活动，增强村民维护十八洞村"幸福人家"良好形象的自律心。通过这些举措实施，现在进村道路升级改造和机耕道等公益建设所到之处，视土地如生命的群众纷纷无偿让出土地，并涌现出了龙拔二、隆兴刚、杨五玉、隆慧等一批拾金不昧、见义勇为、助人为乐的先进事迹。

4. 不忘初心，创新乡村旅游发展模式

推动农旅一体化，由苗汉子出资306万元占股51%，十八洞村出资294万元占股49%（其中村集体占股12%，村民占股37%）组建了花垣县十八洞村苗汉子果业有限责任公司，在花垣县国家农业科技示范园流转土地1000亩打造猕猴桃产业化基地，将农业产业与乡村旅游结合起来，以后游客可以边品尝美味猕猴桃又可以欣赏基地美景。推动农户直接参与，发动有条件的农户开设农家乐，现村里有农家乐8家，生意日益火爆，其中施成富家通过开设农家乐达已经购买两台汽车，达到了脱贫致富的效果。间接参与，家中没有劳动力又无理念的农户将房屋出租出去，每年就有一笔固定的收入，让他们间接的参与到乡村旅游中来。做好创意营销，创新推行桃子采摘权和稻花鱼捕捉权转让带动旅游业发展的模式，在全村 225 户农户中每户种植冬桃 10 棵、黄桃 10 棵、养殖稻花鱼 300 尾，以每株桃树按照每年采摘权 418 元的标准进行公开营销，对认购人发放"十八洞村荣誉村民证书"，免费参与十八洞各项活动，联动湘西州周边重要景区旅游门票减半甚至免票优惠。预计三年后每户每年毛收入达 5 万元以上。引进社会资本参与，2016 年 11 月 3 日习近平总书记来村视察三周年，花垣县与北京首磊公司、消费宝两家公司签订十八洞村景区发展协议，预计投入 6 亿元打造以十八洞村为核心的景区，十八洞村将创 3A 争取 4A，最终目标成为 5A 级景区。

乡村旅游产业的发展为脱贫攻坚提供有力保障，使乡村旅游促进精准脱贫，确保打赢脱贫"攻坚战"。2016 年村里接待游客约 30 万人次，村民人均纯收入由 2013 年的 1668 元增加到 8313 元，全村 136 个贫困户，533 人全部脱贫。十八洞村乡村旅游发展得到了中央和省州的高度认可，央视《新闻联播》连续 5 天系列报道《"十八洞村"扶贫故事》，中央其他主流媒体纷纷跟踪宣传报道，十八洞村被省委宣传部评委"湖南省文明旅游景区"，十八洞村成了继《边城》后，花垣县旅游产业形象新的名片，让十八洞村走向全国，家喻户晓。

（四）龙山惹巴拉景区

龙山县惹巴拉景区充分发挥土家民居规模集中、保存完好的优势，大力发展乡村旅游，打造惹巴拉乡村旅游品牌，2016 年接待游客 83.2 万人次，产生了显著的扶贫效应。区域内风雨桥为亚洲最大的风雨桥，横跨三河，连接梁家寨、捞车、惹巴拉三个自然寨，形成了"三山套三河，三河绕三寨，一桥通三域"的秀丽景象。惹巴拉景区核心区包括苗儿滩镇捞车河村、黎明村、六合村、树比村 4 个行政村，区域面积 30 平方公里，共 1481 户 6082 人，建档立卡贫困户 432 户 1779 人。景区积极探索集土家传统村落保护利用、土家文化传承、乡村旅游开发于一体的精准扶贫新模式，依托大面积的特色民居、浓郁的民情风俗和民族文化、全国最大的万亩休闲农业观光园三大支柱，按照"一年夯实基础，两年基本建成，三年大见成效"的思路，坚持"政府主导、公司营运、集体协管、村民参与"的基本运作模式，积极发展土家乡村旅游产业，带动三次产业融合发展，实现区域内建档立卡的3.98万贫困人口脱贫摘帽，带动周边群众15万人致富奔小康。2016年4月成功签约惹巴拉土家影视旅游项目，2016年10月12日，管线入地、影视基地、铁索桥、民宿酒店、休闲农业、旅游公路六大工程全面开工建设。

通过扎实的工作，惹巴拉景区旅游扶贫工作取得了初步成效。2016年核心区4个村共实现868名贫困人口脱贫摘帽，其他贫困人口均预计在2017年内全部脱贫摘帽。一是通过发展休闲观光农业增加农户收入。区域内发展传统农业近1200亩，六合村尚心望发展产业兼休闲辣椒园80亩，实现年收入15万元。树比村梁发清种植中药材120亩，年收入达20万元。二是通过发展以加工业为主的第二产业增加农户收入。捞车河村基本实现家家有织锦机，户户有织锦女，户平均织锦收入达1.5万元，其中涌现了黎秋梅、刘代娥、黎成菊、黎成凤等10多家织锦大户，黎秋梅每年收入达到80万元（机械生产），刘代娥每年收入达12万元，黎成凤每年收入20万元，黎成菊每年收入50万元。三是通过发展旅游服务业增加农户收入。旅游产业发展迅速，年游客数量突破50万人次，群众人均旅游收入净增500元。已发展"农家乐"12家，户均接待游客收入均达10万元以上，"郭大妹农家乐"年收入高达20多万元。

二、党政主导全员参与型

（一）"1+1+1"云舍模式

位于梵净山麓、省级风景名胜区太平河畔的云舍村，充分发挥云舍"中国土家第一村"品牌优势，依托良好的自然生态环境、田园景观、民俗风情、农耕文化等特色优势资源，探索"政府引导＋企业开发＋群众创业"的"1+1+1"模式，推进了云舍乡村旅游扶贫工作的开展。2015年，云舍接待游客110.4万人次，旅游综合收入6212.2万元，人均纯收入从2002年的1660元提高到2015年的7800元。全村直接从事旅游的人数达 721 人，间接从事旅游的人员有 938 人。

一是强化政府引导。江口县政府立足云舍旅游资源禀赋实际，在规划编制上，围绕把云舍建成 4A 级景区、梵净山文化旅游的游客集散地、美丽乡村新典范、新农村建设示范点目标，聘请同济大学、贵州民族大学专家教授对云舍村寨进行精心规划，明确了发展定位。在建设上，按照"统一规划，力量集中，各计其功"的办法，整合各相关部门项目资金，集中用于云舍解决道路、水电、民居改造、游客中心、标识牌、绿化亮化等旅游基础设施和配套设施，为乡村旅游发展奠定良好基础。在管理上，成立云舍创 5A 工作指挥部，负责处理好保护与开发的关系，政府相关部门负责卫生消防监管、从业教育培训、文化挖掘整理，规范旅游服务水平，提升景区吸引力，太平镇负责抓村"两委"班子建设，指导村委制定村规民约对云舍村民实行自我管理。

二是组建企业实施开发。江口县政府成立了县文化旅游发展公司，专门负责云舍景区的建设、经营、管理等，从而确保了景区的有序、持续发展。在景区建设上，先后投入上亿元，修建了景区大门、停车场、旅游公厕、园林景观、旅游步道等。2015 年，云舍旅游景区被评为 4A 级旅游景区。在文旅融合发展上，组建了一支 40 人的"半耕半演"演出队伍，编排了由村民自编、自导、自演的《云中仙舍》文艺演出项目，推出了土家特有的客人进村仪式——迎宾拦门礼。先后举办了土家女儿会、土家米酒节、腊八节等节会活动，使江口旅游知名度大增，吸引了全国各地的游客前来旅游。对歌、"哭嫁"、金钱杆、摆手舞、大型篝火晚会等参与性、体验性较强的娱乐活动，受到了游客的追捧。

三是鼓励群众创业。云舍旅游的兴起，为云舍村民开辟了新的就业门路，政府从民居改造、贷款补助、就业培训上，解决群众创业困难，鼓励农民"洗脚上田"从事旅游服务。目前，该村有 32 名群众新建和改建了房屋，当起了农家乐老板，20 多名群众经营土特产品销售，做起了小生意。从事乡村旅游的农民，不但过上了幸福宽裕的生活，还买上了小轿车。通过村民的积极参与，成功吸引商家不断入驻云舍，直接带动当地农家乐发展 32 家，葡萄园、桃园等农业采摘园 5 家，村民人均经济收入 7800 元以上，数户村民自愿放弃去外地打工回家创业。

云舍从一个原生态的自然民族村落到成功转型为国家 4A 级景区，它既是对独具特色的山水文化、土家民族文化、历史文化的挖掘、包装和旅游品牌的提升，又是对梵净山大旅景区的丰富和完善。既是依托大旅游发展乡村旅游的具体实践，又是立足资源促进农民脱贫致富奔小康的有益探索。

（二）"四位一体"寨沙侗寨经验

位于梵净山脚下的寨沙侗寨，在穷则思变中开启了"寨沙试验"，在先行先试中创造了"政府 + 公司 + 协会 + 农户"四位一体的"寨沙模式"，在无中生有中培育了"寨沙产业"，在艰苦创业中铸就了"寨沙精神"，在久经磨砺中打造了"寨沙品牌"，走出了一条具有贵州特色、符合贵州实际的乡村旅游扶贫新路子。寨沙侗寨先后被命名为"全国金融扶贫乡村旅游产业示范村""中组部党建工作组专题调研点""贵州省 100 个文化旅游景区乡村旅游示范点""国家 3A 级旅游景区""国家乡村旅游扶贫示范点"。

一是"政府主导"。政府主要负责旅游规划、政策资金扶持、基础设施建设等。江口县成立了寨沙乡村旅游开发试点工作领导机构，在科学制定《寨沙乡村旅游发展规划》的基础上，建立涉农资金整合投入机制、县直部门结对帮扶机制，在组织、资金、项目、政策上提供强力支撑，先后整合扶贫开发、旅游开发、美丽乡村建设、生态移民、"一事一议"等涉农资金和帮扶资金 4000 多万元，投入寨沙乡村旅游基础设施建设。同时，对参与乡村旅游开发的农户进行财政补贴和贷款贴息，先后投入财政补贴和贷款贴息资金 200 多万元，撬动 2000 多万元贷款资金投入乡村旅游开发，解决了贫困乡村旅游业发展资金不足、工作难以启动的问题，带动了当地群众对乡村旅游的投资和参与。

二是"公司经营"。2014 年初，江口县组建旅游开发公司，负责寨沙侗寨的经营管理、市场运作、宣传营销等。旅游公司加盟后，第一件事便是制定出台《寨沙侗寨农家乐和乡村旅馆管理办法》《寨沙侗寨农家乐和乡村旅馆经营收费标准及卫生、环境、安全管理制度》，并对从事农家乐和乡村旅馆经营的农户进行旅游知识、服务礼仪、经营管理、本地民俗文化知识等方面的培训，统一收费标准、统一经营管理、统一服务规范。第二件事是组建文艺演出队伍，策划推出《月上寨沙》大型侗族文化歌舞演出节目，提升景区吸引力，延长游客逗留时间。第三件事是成立乡村旅馆合作社，对无力经营、不善经营的8户农家旅馆，采取"公司＋合作社＋农户"的运营模式，农户以旅馆入股，由合作社统一经营、统一管理，所得收入实行利益分成，用利益分配方式将群众与公司捆在一起，形成了旅游开发新活力。第四件事是加大宣传营销，开通寨沙侗寨旅游网站，全方位展示寨沙侗寨风貌，为游客提供旅游指南、出行攻略、查询预订等一条龙服务。加强与周边梵净山、亚木沟景区的营销合作，承接团队游客，实现产品互补。旅游公司的加盟，解决了寨沙侗寨过去经营无序、管理混乱的问题，扩大了寨沙侗寨旅游知名度和美誉度，提高了游客体验质量，保证了游客持续增长。

三是"协会管理"。成立农民旅游协会，负责处理村民参与旅游开发的各项事务，维护侗寨社会治安和环境卫生，禁止村民乱搭乱建，制止经营服务乱抬价、乱收费等行为。

四是"农户参与"。旅游公司聘请当地30多名村民到公司就业，直接参与景区的文艺演出、经营管理等活动。这样，当地村民有了三重身份（协会会员、公司员工与村民），在这种关系下，当政府、公司在旅游开发、经营、管理过程中与当地村民发生矛盾时，三重身份的村民会主动承担协调者的角色，减少了村民与政府、公司之间的矛盾与隔阂。

寨沙"四位一体"模式的运行，政府、公司、协会、农户共同出力，调动了各方投资开发寨沙乡村旅游的热情，提高了当地群众保护侗族文化旅游资源的积极性和自觉性，推动了寨沙乡村旅游持续发展。2015年，寨沙侗寨接待游客84.1万人次，实现旅游收入4935万元；直接参与乡村旅游经营和服务的有68户272人，分别占全寨户数的81%、人数的80%；旅游经营收入达930万元，比旅游开发前增长30倍；户均收入达15万元，人均纯收入3.4万元，比旅游开发前净增3.4万元。旅游收入上20万元的农户达21户，占全寨总户数的33.8%。

（三）武隆创新融合模式

重庆市武隆区依托良好的生态资源，以"绿色崛起、富民兴区"为先导，通过把生态旅游资源优势转化成产业优势和经济优势，打造全境式旅游，实施全域性扶贫带动，探索走出了一条贫困山区旅游扶贫的新路子。2015 年武隆人均 GDP 为 37824 元，是 1994 年 1336 元的 28.3 倍；农村常住居民人均可支配收入达到 9562 元，是 1994 年的 16.8 倍；以旅游为主导的服务业对经济增长贡献率达 50.2%。2016 年，全区 3.1 万农户、近 7 万农民靠旅游吃饭，其中近 1 万名涉旅贫困群众的人均年收入达到 1 万元以上，实现了 48 个贫困村脱贫"销号"、近 3 万贫困人口脱贫"越线"。主要做法如下：

第一，坚持创新发展，推动"全域布局"。武隆武把旅游发展与扶贫攻坚紧密相连，充分发挥世界自然遗产地、国家 5A 级景区、国家级旅游度假区等品牌优势，依托覆盖全境的 200 多处景点，编制了全域旅游发展总体规划，优化了全区"一心一带四区一网"的空间布局，把全区作为一个旅游大公园来规划，强力攻坚"旅游扶贫三大战场"，力争实现"旅游做到哪里，老百姓就富裕到哪里"。一是提档升级仙女山第一战场。实施基础设施、景区品质、行业管理、品牌营销、旅游业态、旅游国际化"六大工程"，投资 300 多亿元的 50 个旅游重点项目全面启动，解决了 3 万余人直接或间接就业，实现仙女山片区 1.5 万余名贫困农民脱贫致富。二是开辟白马山第二战场。投资 200 亿元，打造白马山国际知名的爱情圣地、全国著名的科普基地、全市一流的养生福地，力争建成国家 5A 级景区和国家级旅游度假区，解决白马山贫困片区 2 万余人直接或间接就业，实现 5000 余名贫困农民脱贫致富。三是夯实乡村旅游第三战场。整合涉农和吸引社会资金 50 亿元以上，启动 100 个乡村旅游示范点建设，带动农村劳动力转移就业 3 万人，实现近 1 万名农民脱贫致富。

第二，坚持协调发展，深化帮扶机制。深化"扶贫帮扶"制度，实施旅游脱贫攻坚行动。每个重点乡镇以及旅游重点项目由 1 名区领导、1 个牵头单位、N 个共建单位进行结对，实行区领导直接领导、牵头单位统筹协调、共建单位共同支持的工作机制。在政策、项目、资金、技术等方面，对重点村、重点项目予以重点支持。整合水、电、路、能源、通信、环保、扶贫等资金，用于旅游基础设施配套建设。同时，还出台了建设用地、金融信贷、税费优惠、宣传促销、合作组织等一系列扶持政策。

第三，坚持精准发展，强化政策保障。一是精准规划"1+11"体系。"1"即《关于扎实推进扶贫攻坚的实施意见》；"11"即整村脱贫、贫困户精准扶贫、十大攻坚行动、农村电商扶贫、乡村旅游扶贫、项目资金整合、社会扶贫、集团帮扶、"第一书记"选派、"三留守"关爱、工作考核等方案，形成了"1+11"方案体系。二是精准出台六大配套政策。配套建立生态扶贫搬迁差异化补助政策体系。将建卡贫困户高山生态扶贫搬迁补助标准提高到每人1万元；C级危房改造的补助标准提高到每户8500元，D级危房改造补助标准提高到每户2.2万元；对291户深度贫困的无房户和窝棚户，按照每户5万元的标准予以兜底保障。同时，在近两年大力实施C、D级危房改造的基础上，再按每个乡镇300万元和每户农户1000元的标准专项补助解决住房安全问题。二是配套落实产业扶贫精准到户政策体系。对贫困户贷款发展产业项目的，给予5万元以内的小额贷款贴息；对贫困户发展种植、养殖业的，按照每户每年1500元的标准给予补助；区财政设立2000万元乡村旅游发展基金，示范村区财政补贴100万元，乡村旅游接待户每个床位按500元标准一次性补助，达到三星、四星、五星标准的，分别再给予1万~3万元的奖励，2015年全区乡村旅游兑现各项补助543.7万元，2016年811.3万元。2016年，接待游客620万人次，收入突破10亿元，成功打造乡村旅游示范村（点）50个，扶持发展乡村旅游接待户4031户，接待床位4万余张。配套完善特殊困难救助政策体系。将不具有开发和脱贫能力的孤寡、老弱、病残等贫困群体全部纳入最低生活保障范畴；对特殊困难户给予最高1万元的特殊救助金。配套完善教育扶贫资助政策体系。除全面落实国家和市里的教育扶贫政策外，区财政还落实专项资金对建卡贫困户、城乡低保、孤儿、残疾儿童等特殊贫困家庭学生进行额外资助，确保人人"有学上"，切实消除贫困代际传递。配套出台精准到人的扶贫保险政策体系。实现了农村建卡贫困户扶贫小额保险、16~60岁的外出务工人员意外伤害保险、自然灾害公众意外险、房屋保险和精准脱贫保险等五类保险全覆盖。配套出台医疗救助政策体系，制定出台精准扶贫医疗救助、健康扶贫等配套政策，建立了3000万元大病医疗救助专项资金和1000万元扶贫济困医疗基金，将城乡贫困居民全部纳入覆盖范围。区财政为贫困人口统筹购买城乡居民合作医疗保险、大病医疗补充保险、疾病身故险、贫困学生重大疾病保险等医疗类险种，切实解决"因病致贫、因病返贫"的问题。

第四，坚持融合发展，延伸"产业链条"。找准旅游与其他产业的"融合"点，最大程度发挥旅游辐射带动作用。一是推进"旅游＋文化"。打造了"印象武隆""仙女恋歌"等演出项目，推出了天坑寨子、土地犀牛寨、后坪天池坝等一批文旅融合景点，培训吸收当地农民为演出人员，解决3000余人直接或间接就业。二是"旅游＋农业"。制定"1+3+6+1"的工作思路，"1"即脱贫攻坚及成果巩固；"3"即乡村旅游富农村、电子商务活农村、示范基地强农村三大富民工程；"6"即培育壮大高山蔬菜、草食牲畜、特色林果、有机茶叶、电子商务、乡村旅游六大"十亿级"产业链；"1"即深化农村改革。按照"突出特色、差异发展、示范带动、全域覆盖"的原则，规划建设6条串联26个乡镇、囊括农林牧渔等农业产业的精品线路，整合要素资源，集中连片打造农业产业和扶贫产业示范基地，发展高山蔬菜40万亩、特色林果30万亩、有机茶叶10万亩、草食牲畜200万头（只），基本形成了以示范带为支撑骨架的优势产业集群。探索"协会＋龙头企业＋专业合作社＋农户""龙头企业＋基地＋农户""专业合作社＋基地＋农户"等发展模式，研究制定产业扶持办法，加大富民产业的补偿力度，带动贫困村、贫困户脱贫致富。例如，鸭江镇青峰村建成的800余亩汉平金冠梨基地和800余亩香伶核桃基地，覆盖了全村725户农户和97户建卡贫困户，仅汉平金冠梨一项就实现年收入640万元，户平增收9000余元。三是"旅游＋电商"。强化电商平台建设，积极引领指导贫困户通过电商平台实现旅游产品、旅游纪念品、旅游商品以及各种土特产线上线下同步销售，增加农民收入。目前已有汉平蜜柚、隆冬锅农产品、芙蓉江野鱼、羊角豆干、武隆大闸蟹等22个品牌、206个单品完成产品包装上线销售，其中羊角豆干、凤来谷生态大米等单品销量突破了1000万元。2016年，乡村旅游商品通过电商平台实现交易额8亿元以上。

第五，坚持共享发展，释放"旅游红利"。一是探索廊道带动型增收模式。确立了仙女山、白马山、石桥湖、桐梓山四个旅游扶贫带，建成集交通组织、空间整合、产业集聚、形象展示为一体的扶贫开发示范区。仙女山、白马山片区成为全市旅游扶贫的典型，仙女山片区7个乡镇、50个行政村、近5万农民人均纯收入12000元以上，其中仙女山镇石梁子社区401户中有391户从事旅游相关产业；资产达到500万元以上的就有17户，100万~500万元的有285户，既有效解决了旅游接待功能设施不足的问题，又不断丰富了旅游经济业态，拓展了贫困人口创业就业空间。二是探索集镇带动型增收模式。整合资金5.9亿元，大力推进高山生态扶贫搬迁，依托旅游集镇建成移民新村169个，搬迁安置10951户、38331人。引导高山移民和集镇居民大力发展家庭公寓、快捷酒店、商品销售、特色美食等旅游商贸服务。三是探索景区带动型增收模式。高度重视景区原住民的生产生活，在景区进出通道等区域建设专门的创业区和农特产品销售一条街，引导景区周边农民发展特色小吃、特色农家、农产品销售、旅游商品销售等商业，景区及周边两万农民通过旅游实现了直接或间接就业。

三、景区联村建设型

武陵山片区各地充分利用旅游景区人流量大、交通便捷等区位优势，加大游客服务中心、停车场、旅游厕所等基础设施建设，引导景区周边村寨培育发展农家乐及乡村客栈，实现景村一体化发展。

（一）崀山旅游区景区

崀山国家5A级旅游区是世界自然遗产地，位于湘西南邵阳市新宁县境内，毗邻广西，距桂林140公里。随着崀山旅游事业的发展壮大，越来越多的原住民收获到了旅游带来的"红利"，在国家旅游扶贫政策的春风沐浴下，景区旅游扶贫效果明显，已促进景区内5个贫困村出列，近600人贫困人口"脱贫"，主要做法是：

第一，加大投入，筑牢旅游扶贫基础。一是加强旅游基础设施建设，提升景区服务水平。以创5A为契机，先后完成5个一二级游客中心、18个环保车站点、2000多块标识牌、22座生态旅游厕所及八角寨客运索道、二期生态停车场、智慧崀山、紫霞峒景区提质改造工程等6大类28个项目，总投资1.86亿元。同时，全力推进创5A级环境质量和服务质量整改提升工作，严格按照5A级标准，为游客提供精细化、人性化服务。二是突破景村"界线"。实施春花秋色工程，租用景区贫困村荒山、荒坡500余亩，每年投入150万元左右栽种各类苗木，既实现了春有花、秋有色，崀山处处美如画的效果，又为原住民增加了收入。2017年，县政府投入3800万元，在景区13个村开展农村危房整改及风貌改造，有效改善本地人居住环境，呈现规范统一的"白墙抱红柱，青瓦染素云"的峒瑶民居风光，与景区丹崖碧水、田园山水，形成了一道靓丽的风景线。游客从单一的在景区观光逐步延伸到周边村落休闲、观光。三是投入3000万元全面硬化通村公路，投入5300万元实施景区村农电改造，投入156万元解决景区村民饮水安全，投入130万元为景区村民提供"三网"通信入户。

第二，政策倾斜，原住民直接参与景区管理。原住民是旅游景区的"第一主人"。景区在员工招聘中制定了专项优惠政策，景区管理岗位原住民比例在50%以上；景区土特产销售门店、卫生保洁、保安、护林防火等服务和公益性岗位必须在原住居民中安排，建立了78人的保洁队伍和26人的保安队伍。通过让原住民直接就业，参与管理服务，进一步增强了他们的主人翁意识，促进了景区和谐发展。

第三，鼓励引导，原住民积极参与旅游服务。一是积极推动餐饮、住宿、养殖、交通、购物等旅游服务产业的发展，让原住民在既不离乡也不离土的情况下，开展生产经营活动。重点围绕"农家乐"的开发和改造提升，举办"农家乐"培训班，引导他们主动提档升级，提高了纳客能力与服务水平，形成良好的示范带动作用。目前景区农家乐有160余家。二是规范管理景区村船排工、轿夫马队等，为游客提供标准化服务。编制了《夫夷江排筏漂流规范》等三个行业规范，创造了湖南省部分地方旅游标准。三是积极开发旅游特色产品，进一步推进产业结构调整。围绕景区千亩油菜花、万亩脐橙花、200亩熏衣草、100 亩玫瑰花与崀山铁皮石斛、新宁腊肉、猪血丸子、竹筒酒、瑶王宴等旅游特色产品，以"春花秋实""脐橙花开·浪漫崀山""浪漫崀山·瑶王盛宴"为主题，精心打造"歌山花海·浪漫崀山"品牌形象，生动展示瑶乡特色文化，深受旅游团队的青睐。原住民通过租赁土地、种养、制作、销售等方式获取收益。这些都拓宽了原住民增收渠道，消化了农村剩余劳动力，促进了景区村脱贫致富。

（二）保靖吕洞山景区

保靖县吕洞山五行苗寨依托境内独特的山水风光、民族村寨和民族文化资源，抓点带面作示范，撬动片区同发展，探索推进"旅游+"扶贫模式，大力实施乡村旅游＋精准扶贫战略，取得了一定成效。先后策划举办了"新春走基层·直播吕洞山"、吕洞山苗族原生态文化艺术节等民族节庆活动，炒热旅游市场，吸引游客观光。着力开发"保靖黄金茶"、民族特色饮食等一系列旅游商品，打造万亩连片油菜旅游观光基地，发展农家乐、特色民宿 300 多户，带动上千人脱贫致富。形成了黄金茶种植、乡村旅游服务两大特色支柱产业，拥有黄金茶基地千亩以上，成功培育出以苗家酸鱼、酸肉、百虫宴、百家饭为主打的特色农家乐品牌，乡村旅游已成为五行苗寨群众致富的增长点。目前，吕洞山景区成功申报国家 3A 级旅游景区，2015 年吕洞山接待游客达 53 万人次，2016 年接待游客 56.8 万人次。乡村旅游已成为贫困群众脱贫致富的当家产业，2015 年共带动 356 户 1423 人精准脱贫，梯子村和夯吉村两村通过发展乡村旅游而实现贫困村整体摘帽。

第一，村寨围绕旅游打造。相传苗族先祖迁徙至吕洞山后，按照五行修建了夯吉、梯子、吕洞、大烽、十字坪五个原始苗寨，苗寨古朴原始，是乡村旅游发展不可多得的资源宝库。近年来，吕洞山镇在推进精准扶贫过程中，慎重处理开发与保护的关系，始终坚持"保护第一"的指导思想，在保护的前提下开发，确保不因旅游产业开发而破坏老祖宗留下的珍贵资源，实现旅游开发与苗寨打造间的良性互动。2014 年春节，湖南卫视连续七天连线直播吕洞苗寨，吕洞山旅游业首次赢来了"井喷"式发展。景区以此为契机，大力实施旅游＋精准扶贫战略，按 4A 级旅游区标准完成了吕洞山旅游扶贫规划，大力修缮五行苗寨。从改善旅游环境入手，投入20万元改造厕所，彻底改变圈厕不分家、独木桥式厕所状态；投入1000多万元，建设了石板路、特色民居等。同时，依托吕洞村向附近夯沙村扩展，高标准改造了观景台、祭祀台、大峰冲景区，将500余栋特色民居做修旧如旧的修整，铺设夯沙村老街石板路8530平方米，改造门面20间，建成土特产一条街，完成了450户的厕所"三改"，扶持发展农家乐54户、苗寨家庭公寓48户。2014年，接待游客41.76万人次，同比增长82%，实现旅游总收入8921.63万元，同比增长66%。旅游产业已成为五行苗寨贫困群众致富的增长点。

第二，设施围绕旅游完善。受历史和地理原因影响，薄弱的基础设施成为制约吕洞山镇群众脱贫致富的主要"瓶颈"。因此，近年来，吕洞山镇在推进精准扶贫过程中，把基础设施建设放在首要位置，不断改善旅游产业基础。一是旅游交通方面，围绕旅游大通道，吉首至夯沙二级公路已开工建设，德夯至夯沙、迁陵至夯沙、麻栗场至夯沙等三条二级公路已进入规划，即将相继实施。同时，结合交通网络线路，吕洞山镇在夯吉金寨规划了吕洞山景区游客服务中心和二级客运站，提升旅游承载能力。二是旅游设施方面，完成了景区标示牌和交通指示牌建设、景区环卫设施建设、景区安全饮水建设，同时景区草皮铺植、4G无线网络覆盖工作也在规划实施中，力争为游客提供愉悦体验。三是乡村建设方面。结合吕洞山地区苗族村寨的渊源和特点，积极挖掘和整理每个苗寨的传说、故事、特色。结合特色民居改造工作，突出民族元素，立足旅游开发，完善苗寨基础设施，先后完成了五行苗寨的民居改造、青石板硬化等建设，着力培育五行苗寨特色，打造五行苗寨文化。

第三，产业围绕旅游开发。保靖黄金茶是中国茶叶产业的一座"绿色金矿"，是群体资源体系构成的巨大茶树品种基因库，具有"香、绿、爽、浓"的独特品质，享有"一两黄金一两茶"的美誉。在吕洞山区自古就有种植保靖黄金茶的历史和传统，但因技术和资金等原因，种植面积一直在2000亩左右徘徊，难以形成产业规模和品牌优势。近年来，吕洞山镇立足片区扶贫开发，大力实施茶旅融合发展战略，加快推进以茶促旅、以旅兴茶、茶旅融合一体化发展进程。一是茶景互融。围绕景区茶区化发展目标，重点在黄金村、排吉村、傍海村、夯吉村和吕洞村等旅游景区周边实施茶园全覆盖工程。打捆扶贫、发改、农业、交通和旅游设施等项目加快旅游配套设施建设，重点打造黄金至夯吉万亩茶谷现代农业示范园建设。做好2057株"黄金古树"的挂牌保护工作，打造黄金古茶园景区。因地制宜、分区错位，规模化、特色化发展四季分明的花卉苗木，在大峰冲、望天坡打造了景观式的花香茶海1000余亩，推动景区茶区一体化。二是品牌互动。利用茶叶品牌开发旅游品牌，整合相对集中的茶园、古村落的特色景观和风土人情，利用茶叶品牌知名度和影响力开发旅游品牌，实现以茶带旅。保靖县连续两年举办黄金茶采茶比赛、黄金茶茶王争霸赛，2016年在保靖黄金茶长沙见面会上，在410年树龄的保靖黄金茶1号古茶树一年期认养权拍卖活动中，这棵名副其实的"茶树王"被北京消费宝股份有限公司以60万元高价拍得1年期认养权。同时，太平洋建设川商集团以20两黄金购买了20两保靖黄金茶，实现了"一两黄金一两茶"和"吕洞秘境、苗祖圣山"两大品牌的互动共赢。目前，全镇共有保靖黄金茶园3万亩，其中黄金片区精准扶贫户人均茶园面积达5.5亩，夯沙片区精准扶贫户人均茶园面积达1.5亩，建成了贫困群众脱贫致富的当家产业，2015年共带动了156户645人精准脱贫。

（三）永顺老司城景区

老司城景区将旅游与精准扶贫工作有效结合，坚持景区与司城村为一体的发展思路，景区带动乡村，着力构筑旅游目的地，培育旅游新产品、新业态、打造旅游扶贫示范点，实施旅游带动战略，打造精准扶贫高地，努力实现群众脱贫致富。自2016年5月1日老司城景区正式运营以来，实现接待游客4.9万人，实现旅游收入104万元。全村人均从旅游扶贫中获得收入已超过950元，占纯收入的30%，人均纯收入接近3000元。司城村位于永顺县城东南部，距县城19.5公里，由博射、联合、上河、司城4个村民小组组成，全村共485户，人口1724人，其中建档立卡贫困户110户、368人，占农业人口的21.3%。土地总面积42平方公里，2013年被授予中国历史文化名村，2014年被授予中国传统村落，2015年老司城遗址列入世界文化遗产名录。司城村依托文化品牌优势，已建立了可借鉴的"旅游带动扶贫"的发展模式。

第一，科学编制规划，加强旅游扶贫引导。随着申遗的成功，老司城遗址的知名度、游客数也呈几何级增长，为了更好地对接旅游市场，发展旅游经济，科学编制了旅游扶贫规划和引导。一是要邀请相关专家、相关单位进行新的旅游开发整体规划，相应地老司城开发经营有限责任公司免费为司城村提供指导、旅游项目策划，相互配合；二是要为司城村整体进行旅游编制规划；三是提供政策、资金、技术、人才等方面的支持，增强扶贫对象自我发展能力。达到以旅游促脱贫的目的。

第二，加大投入力度，夯实旅游配套基础。根据景区发展的需要，拟新建羊峰至老司城二级公路33公里（连接张花高速羊峰出口）；改建大湾至老司城三级公路12公里；新建老司城遗址公园隧道6.5公里。彻底突破制约老司城旅游发展的交通"瓶颈"。司城村集中建设道路、安全饮水、网络通信、有线电视网、WIFI全覆盖。大力创建国家4A级景区，提升旅游产品的品质，积极开展市场营销，主动适应自驾游、养生游、休闲游等旅游新业态发展需要。

第三，打造文化品牌，加强生态产品开发。根据老司城景区发展的需要，组织农民成立相应的农村合作社，引进"公司＋合作社"模式，大力开发打造老司城生态、绿色农产品。根据发展需要，由景区统一流转，统一规划，然后因地制宜，科学规划种植项目，根据市场需求，打造精品、创建品牌的目标，由公司统筹安排村民统一种植各种特色农产品，并且由公司统一回收，统一注册、统一销售、形成产业链，让村民无后顾之忧，真正让村民享受到旅游发展的成果。

第四，强化市场对接，打造产业带动平台。一是建设现代农业观光区。因地制宜，积极引导和鼓励村民种植原生水果、开发地方特色菜肴。计划种植冬桃100亩、猕猴桃100亩、黄桃100亩等；养鸭1000余只，将"老司城鸭蛋"打造成知名品牌；养蜂400余箱，养湘西黄牛137头、养羊1000余只。并规划相应农家乐接待区，积极创建星级农家乐、农家宾馆、休闲农庄，建立乡土特色鲜明、民俗风味浓厚、环境整洁卫生、服务水平一流的农家餐饮住宿娱乐体系。二是建设乡村旅游度假区。在遗址核心区打造中国土司文化与中国土家族文化旅游中心。开发周家湾为土家族非物质文化遗产展演区、民族工艺品展示区、民俗体验区，生态产品展示区、高档游客住宅区、徒步观光区。将土家族建筑、毛古斯、摆手舞、哭嫁歌、打溜子、土家年、土家织锦、土家产品等完全展示在旅客面前，做到"给我一天、穿越千年"，安排就业人员 400 人以上。三是打造土司农耕休闲区。利用土司古栈道遗址等景点，打造休闲区、钓鱼区、农耕生态体验区，让游客、"驴友"体验到美丽的田园风光。

第五，加强人才培训，拓展就业增收渠道。一是积极开展"人人都是老司城形象"的教育活动，组织司城村代表赴外地考察学习，开放眼界。二是积极开展乡村旅游从业人员培训，按照"市场有订单、人员到名单、培训列菜单、景区后买单"的模式，实施贫困户免费培训全覆盖，使贫困家庭至少有一人掌握一门市场所需技能，实现"培训一人，就业一人，脱贫一户"。大力扶持就业创业。三是以"扶贫开发户、扶贫低保户"为就业创业的主要帮扶对象，通过多种途径提供政策性创业服务，鼓励和帮助扶贫对象向旅游开发项目转移就业或以自主创业形式实现就业。凡是景区需要的工作人员优先从司城村居民中录取。

第六，完善市场要素，构建立体宣传模式。利用老司城遗址公园现有的电子商务服务平台、微信、微博、微电影平台、影视、歌曲、广告、报刊等媒体，推广"互联网+"，开展老司城整体形象宣传，开设旅游销售专栏，帮助司城村农产品特产销售、农家乐营销、土家民俗酒店网上订房等。网上开展老司城荣誉村民评选专栏，凡是在老司城直接投资 20 万元以上或引进投资 20 万元以上的个人，均授予"荣誉村民"称号，享受与普通村民同等待遇，鼓励荣誉村民为老司城的发展献计献策，拓展游客生源市场，极大地夯实了旅游扶贫的发展基础。

四、产业融合带动型

旅游产业具有显著的带动效应，不少地区通过"旅游+"和"+旅游"等多种形式，旅游市场开发为基础，以产业融合为主要发展战略，逐步壮大区域特色产业，进而带动贫困居民脱贫致富，涌现出众多产业融合带动型旅游扶贫的典型。

（一）凤凰菖蒲塘农旅融合

湘西州加大土地流转力度，建设一批现代农业示范园，发展休闲观光农业；大力鼓励建档立卡户发展特色种养殖业，大幅提升农产品价值，在景区、乡村旅游重点村定点设摊，帮助建档立卡户售卖原生态农产品、特色小吃、手工艺品等，依托淘宝、京东、苏宁三大平台湘西馆和旅游电商平台，大力开展"千家万户卖旅游（农特产品）"活动。其中，菖蒲塘村是农旅融合发展的典型，菖蒲塘村位于湖南省凤凰县廖家桥镇，东距凤凰县城 7 公里，西距铜仁凤凰机场 20 公里，北连凤凰省级文化旅游经济开发区，南临凤凰知名乡村游飞水谷景区，凤大二级路、S308 省道和规划建设的凤大高速南长城互通穿境而过。全村辖 3 个自然寨、6 个村民小组，共 217 户 969 人，是一个以土家族为主的少数民族聚居村。2015 年，菖蒲塘村被评为省级新农村建设示范村、省级美丽乡村示范村，村组织被评为县级先进基层党组织。主要做法如下。

第一，立足自身优势，明确"农旅一体化"发展思路。结合现有的交通区位优势、产业发展优势、旅游资源优势，按照"农旅一体"的总体思路，菖蒲塘村以"红心喜柚之福地、休闲观光之菖蒲塘"为主题，把农旅一体游作为有效延伸特色水果产业链条、提升知名度的重要手段，融合乡村游飞水谷景区山水资源，充分挖掘农旅休闲潜力。以菖蒲塘特色果园区为核心，扩大园区功能，规划打造集现代智能育苗试种区、特色果品展示区、休闲观光采摘区、生态餐饮服务区、飞水谷景点探险体验区和现代农业科技服务中心"五区一中心"为一体的农旅融合精品景区。

第二，完善硬件设施，奠定"农旅一体化"发展基础。加快推进设施建设，先后争取农业综合开发、基础设施建设等项目 20 余个，累计投入资金 2000 多万元，完善了产业基础设施，生活基础设施和公共服务基础设施，为"农旅一体化"发展奠定了基础。一是突出村庄改造。目前已完成 9 户危房改造，建成 2 个果品展销亭，安装 60 盏太阳能路灯，建设 900 平方米群众文化活动广场及果品中转站，升级改造村部图书室和卫生室，铺设排污管道 120 米，正在征地 60 亩建设 1 万吨镇区污水处理厂。二是突出道路建设。根据编制的村庄规划，新建、硬化、改造了通组路、果园路和村间道 12 公里，在 308 省道设置减速带和警示牌，在一两组危险路段建设 600 米防护栏。三是突出水利建设。整修 3 个山塘，新建 2 处蓄水池，安装 1 台潜水泵，翻修 1 处水井，规划改造 6.5 公里南泥水库支渠。四是修建了 3 公里的果园游步道，让游客领略田园美景、体验游走乐趣、品味农业情调、了解农业文化，极大丰富了菖蒲塘乡村游内涵。五是正在修建菖蒲塘村—长坳村 8.5 公里电瓶车观光道路及农家乐，对接连通飞水谷景区，打造精品旅游线路，实现农业产业和旅游观光深度对接，形成"农旅一体化"新业态。

第三，结合旅游市场，打造"农旅一体化"发展亮点。结合全县文化旅游产业发展形势，借助习近平总书记、省委书记徐守盛先后来视察调研的有利契机和天然独厚的区位优势，充分利用水果产业规模开发优势，把菖蒲塘村打造成为"看得见山，望得见水，记得住乡愁"美丽宜居乡村。一是在菖蒲塘村和长坳村等周边村寨建设了 6000 亩核心精品果园，主要栽种红心蜜橘、猕猴桃、高山 2 号葡萄等经济效益高的水果品种，让游客入园观光、入园品尝、入园采摘，增强体验游的参与感和融入感。二是正在规划修建文化广场后续附属工程和山林游步道亭子及休闲农庄、护栏加样化游乐场，进一步提升"农旅一体化"的品质。三是新建飞水谷景区观光栈道和旅游停车场，新增农家乐 3 家，旅游纪念品商店 2 家，小超市 3 家，丰富了景区内涵，提升了景区品质，得到了游客好评。2015 年，景区共接待游客 12 万人次，实现农副产品销售收入 80 多万元，农旅一体现代农业产业园基本成型。

（二）保靖黄金村茶旅融合

黄金村位于保靖县吕洞山镇东部，坐落于风光秀丽的黄金大峡谷之中，是一个山清水秀、民风淳朴、生活宁静的典型苗族聚居村落。2016 年建制村合并，由原黄金村、排吉村、傍海村及上下贝土组共同组成，境内丘陵连绵，溪谷纵横，黄金河贯穿其间，为保靖黄金茶的原产地，黄金村名由此而来，村内黄金茶种植历史悠久，茶文化浓厚，素有"一两黄金一两茶"的美誉。全村下辖10个自然寨，13个村民小组，765户3371人，设有1个临时党总支，辖3个党支部，4个党小组，有中共党员82人，其中，女党员11人，大学生3人。黄金村采取"政府引导、合作社搭台、能人带动、捆绑农户"的模式，推行"四力"工作法，取得了显著成效。

第一，强化产业融合创新。打破行政区域界线，成立了保靖县天成黄金茶产销合作社，共享扶贫资源，做到信息共享、龙头共用、市场同体、产业同步、项目同兴，构筑相对较大的区域扶贫产业经济圈和经济带，整合产业资源，改"单枪匹马"为"集团作战"。根据"苗祖圣山、吕洞秘境"形象定位和"健身自驾游、休闲度假游"功能定位，让广大老百姓由第一产业转入第三产业，为游客提供"吃、住、行、游、购、娱"服务，使广大百姓既可以创造财富，又能感受文明、享受生活。

第二，精准帮扶促脱贫。对黄金村精准识别的240户930人，在路径选择上实施"直接帮扶、委托帮扶、保障兜底"的三种方式。一是干部结对，直接帮扶。2015年7月，省邮储扶贫队对原排吉村67户建档立卡户进行结对帮扶，实行了全覆盖，并按照每户500~2000元不等标准进行帮扶，对新考取大学建档立卡户给予5000元、专科3000元的奖励。解决排吉信息交流的问题，斥资开通排吉户户通，全村都可以看到清晰的电视，放眼看世界。二是创新机制，委托帮扶。按照"五个一批"的要求，推进了"十项工程"，重点围绕发展生产脱贫一批的要求，建设了10个党员产业示范基地，采取"政府引导、合作社搭台、能人带动、捆绑农户"的模式，将贫困对象与黄金茶产业实行捆绑，建立利益联结机制，实施委托式帮扶。如龚伍金党员示范基地捆绑贫困户15户65人；龙承贺党员示范基地捆绑建档立卡户13户48人，贫困对象实现了产业帮扶全覆盖。三是落实政策，保障兜底。除了产业帮扶外，还对黄金村贫困对象中的11户20人实行政策保障兜底。

第三，"四力"工作增实效。一是聚力，形成凝聚力，甘于奉献聚感召之力、民主决策聚和谐之力，目标蓝图聚引领之力。2016年6月28日，吕洞山镇党委宣布原傍海村支部书记龚伍金任临时党总支书记；7月3日，龚伍金与总支副书记石巧平、龙承贺组织召开第一次党总支会。会议上，大家纷纷围绕精准扶贫、产业发展、美丽乡村建设等方面各抒己见，商讨出"打造万亩黄金茶谷，到2019年实现村民收入再翻一番"的发展计划。二是借力，形成推动力。借领导之力、借工作队之力、借群众之力。2011年7月，时任省长徐守盛来村里现场办公，投入资金1100余万元，用于拓宽硬化黄金村傍海到吉首隘口这条村里通往外界的唯一通道。管好村集体茶园，100高标准村集体茶园整体外包茶叶大户，一年租金3万元，充分依托省邮储扶贫队，打造集体经济，走村企联合之路，2015年省邮储扶贫队出资45万元在排吉建设本村唯一的标准化茶叶加工厂房，并作为村集体资产，采取"公司＋村集体＋合作社＋基地＋农户"发展模式，走村企联合的经济发展路子。2016年，投资60余万元修建光伏发电站，与电网并网，预计一年收入6万余元，进一步壮大了村级集体经济收入。黄金村黄金茶展示厅，在省党建引领精准扶贫工作现场会后，在村部大院打造春茶交易一条街，与黄金茶展示厅一起打包交由村委会管理，公开竞标，作为村集体经济补充，2017年村集体经济达到30万元。同时，为全村产业发展农户提供200余万元的产业发展资金。三是给力，形成拉动力。在产业发展上给力、在基础设施上给力、在民生事业上给力。村党支部大力推行标准茶园建设，全村共有茶叶专业合作社10多家，茶叶面积由原来的2000余亩扩大到了如今的1.4万亩，实现了人均5亩、户均20~40亩茶叶的产业格局。2013~2014年，黄金村抓住州委宣传部联系扶贫这一机遇，修建了保靖黄金茶庄。2016年，在县委、县政府支持下把黄金茶楼建成了黄金茶展示厅，作为村集体经济的补充。外来游客只要花上10元钱，就可以喝上一杯黄金茶。四是接力，永葆战斗力。在源头活水上接力、在结对帮扶上接力、在创新载体上接力。随着扶贫工作任务的完成，省政府办公厅、州委宣传部等扶贫队相继撤离。2015年，省邮储银行扶贫队进驻原排吉村开展扶贫工作。村党支部继续接力，传承扶贫队的优良作风，注重从村委会成员、村民小组长中培养和发展党员。近年来，就从优秀年轻人、致富能手中培养了一批入党积极分子和后备干部，全村 82 名党员中，就有 29 户是产业大户。通过"四力"工作法，真正实现由"三化"到"三变"转变，即思想僵化、地域封化、产业弱化；思想变活了、环境变好了、收入变多了，2010 年人均纯收入 3300 元到 2015 年村民年纯收入达到 8050 元，使该村成为一个"班子强、产业兴、村民富、村庄美"的先进村，2017 年基本脱贫，2018 年全面脱贫，2019 年、2020 年巩固脱贫，力争人均可支配收入翻番，2020 年人均可支配收入达 12000 元以上。

（三）凤凰老家寨文旅融合

老家寨村位于凤凰县山江镇北部，地处凤凰苗族文化生态保护实验区境内。全村总面积 3.5 平方公里，有 3 个自然寨，3 个村民小组，共 133 户，715 人，其中贫困户 62 户，210 人，低保户 34 户，85 人。老家寨境内山清水秀，自然风景独特，明清苗族特色民居保护完好，苗族生态文化历史悠久，民风古朴，是凤凰县目前少数民族原始生态及苗族历史特色保护最好的村寨之一。老家寨村距铜仁·凤凰机场约 60 公里（1.5 小时），距怀化高铁约 70 公里（1 小时 40 分钟），距吉首（州府）约 50 公里，距凤凰县城 25 公里，距山江镇（镇政府所在地）3.5 公里，区位优势好。推进旅游扶贫以来，老家寨村每年接待游客超过 2 万人，收入在 120 万元以上，村民人均收入在 3000 元以上，让当地村民尝到了甜头，解决了当地村民的就业问题。主要经验包括如下。

第一，创新"政府引导，企业＋集体＋村民"的模式。在老家寨村旅游扶贫的开发建设过程中，凤凰县始终坚持由县委、县政府统一规划，以乡村旅游企业开发为载体，支持当地农民以林地、特色村寨等生态资源入股旅游开发企业，建立政府引导，企业＋集体＋农户的股权结构，采取政府主导水、电、路、通信等基础设施建设，企业（铭城公司）负责景区内部设施建设和运营，村集体负责抓好生态环境、传统文化、村容村貌保护及开发环境的维护工作，以股权分红收益增强群众主人翁意识，提高村民主动参与旅游开发自觉性和积极性。这种以"政府主导，企业＋集体＋村民"的模式激活了乡村旅游的活力，确保了乡村旅游有序、持续的发展。

第二，集中力量夯实老家寨旅游基础及配套设施。整合各级部门项目资金，按照"统一规划、力量集中"的办法，集中用于老家寨村，以解决道路、水电、民居改造、游客中心、旅游公厕、标识牌、绿化亮化等旅游基础设施和配套设施建设，为老家寨村旅游发展奠定良好基础。现在老家寨村已新修建了 3 个码头、1 座旅游公厕、1 条环湖游步道、1 个旅游停车场、1 条通村的公路等，这些旅游基础及配套设施的建成并投入使用，直接提升了老家寨的旅游接待服务水平，而且项目建设用工全部都是聘用当地村民，直接解决了当地村民就业，增加了当地村民的收入。

第三，结合传统营销手段，创新运用"互联网＋旅游"的宣传模式。凤凰县充分利用湖南日报、团结报、《湖南旅游》、湖南卫视、凤凰卫视亚洲电视台等（报刊、杂志、电视）传统宣传营销方式对乡村山水人文资源进行宣传。通过加大宣传，利用网络、媒体新技术（微博、微信等）在网上宣传，通过在高铁等黏贴广告，扩大宣传面，使得老家寨越来越被人们熟知。积极利用凤凰县新闻网、凤凰县生活网、新华网、新浪网、搜狐网等网络媒体对乡村旅游进行正面宣传，并通过微博、微信等平台专题推介；通过在老家寨"三月三""四月八"等传统苗族节庆活动，形成节庆旅游品牌，使得越来越多的游客来到老家寨观赏湖光山色和体验苗族风情。这种"互联网＋旅游"宣传营销方式扩大了宣传面、加快了宣传速度、提高了宣传效率，提高了知名度。

第四，依托核心知名景区，推进旅游扶贫。老家寨游客来源 90% 都是来凤凰古城游玩的游客，可以说是凤凰古城推动了老家寨乡村旅游的发展，而老家寨丰富的民俗风情给游客带来的体验，丰富了凤凰古城的配套服务。这种模式既丰富了主景区的服务内容，又促进了当地经济社会的发展，增加了当地农民收入。

第五，把文化融入乡村旅游扶贫建设。按照民族特色、因地制宜的原则，坚持发挥地方资源优势，发展特色乡村旅游，避免乡村旅游产品千篇一律，实现差异化发展。老家寨文化优势显著，古朴纯美、情趣盎然的苗寨婚俗，从始至终，分为装扮新娘、别亲、点引路灯（火）、打伞出门上路、筛新娘、敬亲友、回门、戏新郎、谢亲酒，每道环节精彩异常，欢歌不断；原汁原味，精彩缤纷的民间作坊，如苗族纺纱织布、剪纸、银饰加工、传统印花印染；绚丽多彩的苗族风情，如赶边场、吹唢呐、开心鼓、摆手舞、苗歌大小调等。在老家寨村旅游扶贫中，从实际出发，以自然风光和特色苗族婚恋文化为吸引物，突出休闲观光和苗族风情两个主题，保持了民俗文化，在带动当地农户创收的同时，更丰富了乡村旅游的文化内涵。

（四）古丈牛角山多产统筹

古丈县牛角山村夯吾苗寨位于神秘湘西古丈县城南 12 公里、吉首市北 35 公里，村域面积 9.8 平方公里，5 个自然寨、313 户、1306 人，有特色民居 319 栋，苗文化独特丰富。2009 年 7 月成立村办企业夯吾苗寨旅游公司开业，景区面积 7.8 平方公里，含苗寨旅游、有机茶叶、生态养殖、苗族餐饮 4 大产业。牛角山村采取"乡村旅游＋"统筹推进经济社会发展模式，2013 年以来，实现年接待游客 7 万人次、营业收入 14300 万元以上，惠及牛角村及周边夯娄、翁草、万岩、盘草、宋家、太平等 7 个行政村共 2870 户 9654 人，其中建档立卡贫困户 412 户 1108 多人，人均收入 6215 元，脱贫 428 人。为当地农民工提供固定就业岗位 320 余个，并每年提供 5 万多个季节零工工日，固定就业岗位人员年平均工资 30000 元以上。村基础设施、村容村貌、人居环境大为改善，人平年收入从 2008 年不足 800 元到 2016 年 7000 元。旅游业取得了较好经济社会效益，有力促进了当地精准脱贫、建设全面小康事业发展，"老有所养、幼有所教、病有所医、困有所帮"的和谐新农村局面正在加快形成。牛角山村荣获"古丈县旅游第一村"、湖南省少数民族特色村寨、省级休闲农业示范园、省"五星级休闲农庄"、省级"文明村"、"湖南省社会主义新农村建设先进示范村""全国一村一品示范村""中国茗村"百佳榜、古丈县精准脱贫示范村，村党支部书记龙献文获"湖南省劳动模范""全国民族团结模范个人"等荣誉。

第一，规划引领，科学发展。高规格规划。为通过规划引领，实现科学发展，根据资源禀赋、阶段特点及要求，依托国、省、州、县规划，就休闲农业项目，村支两委编制了《牛角山村五年经济发展规划》，古丈县旅游局编制了《古丈县夯吾苗寨旅游村总体规划》，湘西旅游局和湘西州规划设计院编制了《古丈县牛角山村旅游产业发展规划》，北京慧谷旅游规划设计有限公司编制了《古丈县牛角山村旅游扶贫公益规划》及若干专题规划。按"湘西州苗文化与茶文化一站式体验目的地旅游休闲农业示范园"定位，自然人文景观、地形地貌、农业资源等相协调要求，建设形成"山顶茶叶、山腰养殖、山脚苗寨、山边餐饮"四位一体的空间结构及各呈亮点、业务融合、流程递进、环环相扣的产品组合特点，实现了产品效益最大化。

第二，旅游领头，三产联动。初步形成了"互为向导、平台共用、资源共享、流程传动"的全产业链闭环系统，实现了综合效益最大化、产业融合最大化。进入的游客可完成"苗寨体验苗文化——上山腰喂养黑跑猪、芭茅鸡——上山顶采茶、拍摄茶园、林海、云雾等美景——下山入厂参观体验炒茶、品茶——农家茶屋品茶、购茶——晚宿农家、品农家饭"等休闲农业一站式体验，消费时长2晚3天，游客人均贡献营收1200元以上；要素融合。公司将产品与苗族文化、科技、生态充分融合，注册商标"黛勾黛丫""夯吾苗寨"均为苗语，"黛勾黛丫"汉意"兄弟姐妹"，"夯吾苗寨"汉意"小溪边的苗寨"，注册商标"牛角山"地名与生态融合、三产融合。自有牛角山茶叶基地10800亩，茶厂200吨茶叶生产线，牛角山全境旅游，建有品茶室20处、大型农家乐2个，实现了"种养加、产供销、吃住行、游购娱"一体化，三次产业发展良好。体验项目丰富。围绕当地农业生产过程、农民劳动生活、苗寨乡土人情，开发开办了采茶、喂猪、打糍粑、磨豆腐、腌酸菜等农事体验项目；拦门酒、对歌赛、锅庄舞等苗家互动节目；上刀山、踩火铧、称杆提米、仙人合竹、凌空定鸡、赶尸等苗家巫傩文化节目，长龙宴、摔碗宴、篝火晚会等生活习俗项目，体验项目优良。容知识性、趣味性于一体，游客参与度达到98%以上，展示表演均为毛坪村苗族村民，所示节目均为当地习俗，农家味重，独特性强。

第三，培育产业，壮大优势。重点打造万亩有机茶主导产业。茶叶是古丈县传统特色优势主导产业，现建成牛角山10800亩有机茶基地，配套完善生产、休闲设施，建成5.2公里5.5米宽草砂产业路、3公里机耕道及20000米工作道、106个积雨水池、5000米排灌沟渠、

3000米健身路、3个观景点、绿化、120杆杀虫灯等设施，获无公害、绿色食品认证，2000亩有机茶转换证；建成年产200吨绿、红、黑茶生产线，800平方米茶厂，1200平方米门市办公综合楼，全国9家品牌形象店。注册有"黛勾黛丫""牛角山""龙三哥"茶叶品牌商标，"夯吾苗寨"旅游品牌商标。年产茶叶200吨、产值6000万元以上。发展林下生态养殖特色产业。建成牛角山黑跑猪、芭茅鸡2个生态放养场，设施面积1800平方米，放养面积2000亩，年出栏黑跑猪5000头、芭茅鸡50000只，年产值2000万元以上。产业结构优化。茶叶、畜禽等特色农产品销售收入8000多万元，占休闲农业经营收入53%以上。茶叶良种率达到100%，省级良种"黄金1号""黄金2号"分别占35%和45%，其他为国级良种占20%。按农业标准化"八统一"全部采取有机农业防治新技术、测土配方有机肥、标准化农事及统一加工、标识、销售。生产采取传统工艺加现代先进设备精制而成，具有规模化标准产品生产能力。

第四，完善设施，夯实基础。按照牛角山区5个行政村、22平方公里全域休闲农业旅游布局及出入通畅、景区景观景点亮点突出、经营服务接待功能齐全等要求，加快完善基础设施建设，提质通畅度。依托位于湘西旅游黄金线S229省道张家界一凤凰中点、离吉恩高速古丈县太坪互通口6公里、怀长高速古丈县南山站8公里区位交通优势，加快了可进入性、通畅性及园区路网建设，建成联接S229省道牛角山茶园5.2公里草砂产业路、毛坪村岩寨2条共6公里水泥公路、毛儿盖7.3公里产业路；建成人行风雨桥3座、索板板1座，硬化村间道50000米、石板路1000米，实现了园内园外及各景点间互联互通，通畅顺行。停车场。现建成夯吾苗寨1处200平方米停车场、牛角山茶厂1处200平方米停车场、牛角山村农家乐8000平方米停车场、牛角山茶园230平方米停车场；牛角山茶园10000平方米自驾游营地停车场2016年6月动工，年底建成。园区内路标、指示牌完备，安装太阳能路灯286杆覆盖所有公共区域和经营服务设施场所。服务设施齐全、优质。现有牛角山村农家乐、夯吾苗寨苗家堂2处大型餐饮中心，同时可分别接待人数500人、300人，另有全村313户农家中100户餐宿点可就餐人数1000人以上；有可供客房住宿床位300张。建成5处共 1200 平方米公厕，各客房均配齐卫生设施，农家全部完成改厕、改灶、改厨，各类设施、用具符合国家标准。环保设施齐全。全园建有 12 个垃圾池（围），每户农家配备一个分类垃圾桶，生活生产污水专管专排，生产生活垃圾集中烧毁和组集村运，公司毛坪村一直是古丈县"同建同治"先进单位。水、电、通讯等设施完善，通达率 100%，生产经营场所、消费服务点有无线 Wi-Fi 网络的共 13 处。安全生产设施完善。各生产经营服务场所及农户均安装有消防水栓、灭火器、警示牌，设备完好，运行正常，安排专职安全员、保安、交通协管员 24 小时巡逻、巡查，无安全隐患，开业以来无一起生产和游客安全事故发生。

五、公司带村型

公司作为产业发展的核心主体，通过公司进行产业运营的效率更高，效益更好，因此通过激发企业参与旅游产业开发项目，带动贫困村整村脱贫是提升旅游扶贫效益的重要途径。通过培育乡村旅游招商引资载体，各地成功引进了多个乡村旅游开发项目，打造了众多公司带村型旅游扶贫典型。

（一）凤凰铭城公司联村开发

凤凰县组建了凤凰县城乡民族文化旅游发展有限责任公司，对山江苗族博物馆，早岗、老家寨等 20 个苗族村寨实施联合开发经营，2015 年对外开放了苗人谷景区—苗族博物馆景区、飞水谷景区—营盘寨景区、营盘寨景区—香薰山谷—农家船景区、老家寨景区—《苗寨故事》风情剧等 4 条乡村旅游精品线路，2016 年接待购票游客 187 万人次，门票收入突破 1 亿元，从事乡村旅游经营的农民人均收入达到 2 万元以上，乡村旅游已经成为助农增收、旅游经济发展的新"引擎"。从 2010 年 4 月 16 日成立至今，该公司一直致力于对景区景点运营的规范化管理工作。主要做法为：

第一，大规划、抓管理，强化学习培训。一是专业规划，指导开发方向。为了系统开发乡村游资源，在完成凤凰乡村游资源的收购以后，寻找专业性合作伙伴，邀请资深的乡村景区建设规划队伍（北京万诺普设计公司、湘西州工程咨询公司），就现有资源及待开发资源，根据原始资源特性，形成专业性规划建设可行性研究报告，为景区景点的打造提供了专业意见，为工程建设指明方向。二是整章建制，规范景区运营。为了规范管理好公司下辖的6个景区、16个岗位、近400个员工，2015年公司详细制定了岗位职责，严格分工，责任到人；全年推行班组例会制，以景区为单位召开例会，布置工作、组织学习，加强一线员工管理；强化"安全生产"意识，全年无安全事故、无重大投诉。三是强化素质培训，提升学习意识。进一步增强员工职业道德意识，提升员工工作能力和服务水平，营造良好的企业文化，促进公司规范和健康发展，2015年10月17日开始，将公司全体员工学习培训作为每年必须开展的工作，从服务意识、职业道德到市场营销等方面，使员工素质得到进一步提升，企业凝聚力得到加强，专业知识得到一定程度的提高。

第二，强化市场营销，抓品牌形象建设。一是多渠道整合营销资源。大力整顿苗乡旅游市场，成立凤凰苗乡旅游联盟，统一经营苗乡旅游产品，统一景点推介、统一路线规划，使凤凰苗乡旅游摆脱以往混乱局面。在强化自身资源的同时，积极参加大型旅游产品推介会，积极与同业单位合作，拓宽营销渠道，利用外部优势资源达成共赢局面。积极创新，开发新产品。2015年，在山江博物馆推出具有民族民俗特色的"接龙宴"和展示民族民俗风情的"苗寨故事"风情剧，吸引了大量国内外游客。二是树立品牌形象，宣传拉动营销。2015年，为更好树立凤凰铭城公司苗乡旅游的品牌形象，积极投入宣传工作，通过宣传拉动营销，建立健全公司宣传资源，积极参与旅游产品宣传活动。三是举办大型互动类活动，通过活动强化企业形象传播。2015年组织举办了"走村串寨湘西年"活动，参与举办了中国凤凰国际摄影双年展，中国凤凰苗族银饰服饰节活动，举办中国凤凰苗族银饰服饰节摄影抓拍大赛；2016年3月组织了"凤凰首届乡村旅游节"。通过大型活动营造声势、扩大影响，推广品牌。

第三，着力化解矛盾，共建和谐环境。为更好的与涉旅乡镇村组配合开展工作，创建和谐乡村旅游环境，公司营运部先后12次走访涉旅乡镇、村组，与两级主干沟通意见、交流看法，协商协调工作中存在的问题和困难，在 2015 年底，召开了"凤凰苗乡景区和谐共建座谈会"，共同总结 2015 年凤凰苗乡旅游工作中的得与失，总结经验，畅谈未来，为 2016 年苗乡旅游工作建言献策。

凤凰县所有乡村旅游景区景点的经营、开发，全部依托于当地乡镇、村组，充分利用当地村民的人力资源，从凤凰铭城公司的景区运营人员到景区内二次消费开发项目的经营人员，都是以当地村民为基础。目前景区运营涉及村组村民近 400 人，年人均工资水平在 21600 元，同时拉动景区内特色产品的生产和销售，二次消费产生经营收入在 5000 元 / 经营户 / 年。

（二）吉首强龙公司整村推进

吉首市强龙生态旅游开发有限责任公司，位于吉首市镇溪街道办事处科技园社区寨龙一组，地处吉首和乾州中间，距吉首市中心 2.3 公里，交通十分便利。辖区内共有 95 户 456 人，其中建档立卡贫困户 33 户 152 人。辖区面积 12.3 平方公里，森林覆盖率达到 95% 以上，其中原始次森林面积达 3000 多亩，经检测，其负氧离子的含量是市区的 27 倍，是一处理想的旅游休闲观光胜地。2015 年被吉首市人民政府正式规划为生态旅游区。为了把资源优势变成旅游资源，变成经济优势，2014 年 6 月 24 日，成立了吉首市寨龙荷花种植专业合作社，采用基地 + 农户的模式，流转土地 8000 亩。2016 年 9 月 22 日，注册资金 1 亿元成立吉首市强龙生态旅游开发有限责任公司，把余下的土地，山林全部吸收，按照山林、土地价格评价体系折算成现金，计入农户名下入股，用公司 + 农户的方式，实行公司化管理，市场化运作，把整个资源整合在一起。

第一，充分发挥资源优势，高起点，制定切实可行的生态旅游产业开发方案。利用本地有山有水、风景优美、距城近、交通便利这些独特优势，邀请相关的专家将整个区域进行统筹规划，科学安排，划分出四个功能区，即娱乐休闲区、原始次森林观光游览区、古村落保护区、农耕文化生活体验区。规划了 12 个项目，有餐饮娱乐、水上游乐、千亩花海、千亩香树、古寨游览、原始次森林游览、果蔬采摘园、五星级农家乐式宾馆、农耕时代生活体验馆等。

第二，以旅游产业为龙头，带动建档立卡户实现长久稳定脱贫。从 2014 年合作社成立之日起，本公司已累计投入资金 4000 多万元，修建了娱乐休闲中心水上吊桥千亩花海，原始次森美观光游道，百万荷塘，购置了水上观光游船，安排建档立卡贫困户人员共计 133 人，对他们进行了上岗前的培训，安排了 121 人上岗就业，分别从事餐饮服务、林区维护、花海维护、古寨保护、景区小型维修等，每月由公司统一发放工资。且最低工资在 2000 元 / 月以上，使他们安居乐业，帮助他们走上永久稳定脱贫的道路。2016 年 2 月开始试营业以来，经营效果较为理想，景区日均接待游客 2000 人次，7~10 月最高峰游客人数达到 30000 多人次，仅餐饮、娱乐这一项日均营业收入达到每天 12 万元。公司将利润中的 5% 用于公司的流动发展，10% 的利润用于老、弱、贫、残公益事业，40% 用于分配。

第三，完善利益联结机制。公司积极筹措资金，采用"委托扶贫"的帮扶模式，走"公司 + 贫困农户"的市场化运作的道路，构建和完善农民增收，企业增效的利益联动机制。"公司 + 贫困户"就是公司负责投资建设旅游景点，贫困户将资金交给公司搞建设开发，年底按帮扶方式分享利益，同时务工人员中优先录取建档立卡贫困户，贫困农户人员，按照人均帮扶资金 2000 元，共联结带动贫困农户 500 户 1750 人。利用 500 户贫困户小额信贷，平均每户 5 万元，则为 2500 万元，以上共计 2850 万元。公司则对信贷资金实行封闭运行，由市农村商业银行，市乡镇扶贫办，贫困户三方进行监管，信贷资金由公司使用、管理、统一偿还。建立风险保证机制。公司成立专户、每个月从收益中提取 20% 作为风险调节基金，以确保市场低迷等不可抗拒因素，满足贫困户最低收入，保证贫困连续 5 年每人每年收入不低于 1000 元，总额 2850 万元，可另外解决建档立卡户贫困农户 300 人就业。

（三）泸溪天桥山公司带户发展

泸溪县天桥山旅游开发有限责任公司成立于 2009 年 5 月，公司法人杨艳云，注册资金 60 万元。公司经营项目包括乡村旅游、特色农副产品加工、生态农业旅游、种植、养殖等。现有职工42人，年产值700多万元，年纳税50万元以上。公司所属的军亭界度假山庄、农副产品加工厂等位于泸溪县武溪镇蜂子岩村，涉及周边暮江头、高大坪、榆树坪3个村。4个村均为国家级贫困村，共有建档立卡户贫困户205户662人。其主要做法是：

第一，加强顶层设计。公司成立初，首先对泸溪县乡村旅游状况和市场前景进行了深入调研。项目确定后，聘请专业人员制定了详细的发展规划。公司按照规划量力而行，分步实施。目前已投资900余万元开发建设了军亭界度假山庄，成立了辛女食品公司。军亭界度假山庄被评为五星级乡村旅游区和湖南省农业旅游示范点。

第二，改变发展观念。公司本着经济、生态、社会三大效益相结合，走可持续发展道路理念，在自身发展的过程中回馈了社会。通过公司宣传和乡村旅游项目开发带来的实惠，激发了当地农民保护生态环境的自觉性，当地盛行的砍树烧木炭创收的现象近年基本消失，生态环境得到有效保护和改善。公司的乡村旅游开发拓宽了周边农民增收渠道，解决了部分剩余劳动力，消除了农村大量不稳定因素，近年来，周边社会综合环境大大改善。同时项目建设带动了地方基础设施建设，改善了人居环境，得到了政府、社会、和当地老百姓的大力支持。

第三，创新发展机制。公司结合当地自然条件和周边村寨产业发展情况，采取公司＋农户＋市场的模式，委托农户饲养、保底价收购、网店销售等方式带动、鼓励周边农户发展畜牧养殖、绿色蔬菜种植、特色农副产品加工等产业。既解决了旅游市场的各种需求，也为当地农户找到了一条脱贫门路。安排建档立卡贫困户13户18人直接就业，人均月工资1600元，通过在公司就业掌握从业技能而转移就业的农民27人。2015年保底价收购农户生猪326头，黄牛37头，山羊214只。委托农户饲养生猪85头，黄牛30头，山羊80只，参与农户人均年收入3400元。2016年签订生猪保底价收购420头，黄牛38头，山羊只200只；委托农户饲养生猪100头，黄牛33头，山羊92只，涉及建档立卡贫困户83户250人，2016年参与农户人均年收入3800元。

（四）永顺山水牛郎寨带村开发

湘西山水牛郎寨农业开发有限公司位于永顺县芙蓉镇景区、张家界—吉首—凤凰旅游黄金线上，山势优美、自然植被好、历史遗迹、文化底蕴深厚，是湖南省五星级乡村旅游区（点）挂牌单位、湘西自治州农业产业化龙头企业。公司于2012年5月注册成立，注册资金5000万元，年销售额3000万元，业务以农产品种植加工、旅游接待、旅游产品为主。

近年来投资逾1500万元，在旅游接待基础上建设了土家吊脚楼6000平方米，每天可以接待旅客餐饮2000人次，住宿300人，年接待游客总数达10多万人次。2014年3月被湖南省旅游局评定为五星级乡村游景区。2012年9月公司开发的特色产品土家绣花布鞋荣获湖南省（第三届）旅游商品大赛铜奖。公司还建设了500亩"前店后厂"模式农产品粗加工工场，与梯田观景台相结合，不仅更方便游客观赏牛郎寨的自然美景和风土人情，同时切实提高休闲农业配套农产品的效益。还开发了300亩果园，种植猕猴桃等水果，既有观赏价值，又能提供采摘休闲活动。同时还建设了榨油坊等特色配套设施，提供土家山茶油，充分遵循休闲农业结合生产、生活与生态为一体的新型服务业态和新型农业发展模式，为公司提高效益、带动周边农民脱贫增收创造了新亮点。

2016年，公司与永顺县塔卧镇茶林村、文昌村、青坪镇两岔村、灵溪镇连洞村等8个乡镇1000多户精准扶贫困难户签订了《精准扶贫共促产业发展协议》，配合牛郎寨乡村生态旅游景点建设，组织贫困户种植蔬菜面积达1万多亩，不仅可以美化景观，提供无公害蔬菜采摘品尝旅游项目，还能销售带来直接效益。公司采取让利、分红的方式，各环节回馈，带动参与农户脱贫增收。公司充分发挥龙头企业的示范带头作用，积极投入精准扶贫工作，让贫困户参与到旅游事业中来，以"观牛郎梯田美景、赏土家农耕文化、品乡村原味饮食、销地方土特产品"为主题，围绕农业生态观光，核心打造以自然资源、人文资源为背景的土家族生态文化旅游精品，形成与周边景区旅游线路组合的重要节点。

（五）道真黔韵紫海综合体带村发展

"黔韵紫海香草农业休闲养生综合体"位于道真县平模镇兴宝村，是以香草（薰衣草）农业种植为基础，涵盖香草农业种植、香草产品加工、旅游休闲观光、养生养老服务、创意文化农业展示为一体的"一站式"香草休闲度假养生综合体。韵紫海休闲养生综合体于2016年7月2日正式开园。黔韵紫海园区内种植了迷迭香、百里香、薄荷、德国马鞭草、纯正普罗旺斯薰衣草和四季薰衣草等香草品种。"黔韵紫海"项目覆盖区精准扶贫思路将按照面、线、点的总体框架，形成以项目为核心的产业扶贫区域覆盖。以创新的扶贫模式制定具有针对性的帮扶方案；有计划，分步骤地实现精准扶贫，从而凸显"黔韵紫海"项目在农业产业化精准扶贫中的示范带头作用。项目长期在册直接用工已达到220人，主要服务于包括香草农业种植、农业现场管理及工程务工，随着园区规模发展及旅游运营推广，预计项目达产后将达到近500人，并服务于农业种植、工程建设、旅游服务等岗位。综合体的扶贫模式为①：

第一，产业项目惠农思路。一是利益共享。让当地农民以主人翁的意识充分参与到农业产业化链条中，获得利益共享，实现双方的和谐共处和发展。二是资源共享。把农村生态建设、农业种植、环境保护、基础设施配套、集中安置、观光旅游服务设施建设纳入旅游规划，统筹考虑，同步协调发展。通过农业产业化开发及基础设施配套建设，改变乡村的面貌，改善当地居民的生活条件，给人民群众带来便利，同时也能为景区营造良好的外部环境，提升景区形象。三是吸纳就业。通过现代高效农业产业链的深度开发，带动整个地区的经济发展，农业、旅游业均属于劳动密集型产业，就业门槛相对较低，吸纳劳动力数量大，劳动转岗适应快，具有安置当地居民就业优势。农业产业园区在开发建设的同时，通过组织农业劳务、旅游服务、产业园区工程施工等方式，为安置农村劳动力找到出路。

第二，多渠道就业原则。一是基础农业就业。通过"政府+企业+地基+农户"的合作模式，选取高效农业规划区内适合产业发展的农业

---

① 黔韵原山公司网站，http://www.qyys999.com/。

用地，与农户形成互利互惠合作，提供农业种植技术，统一管控，统一采收，统一销售。二是园区内部就业。通过"培训＋岗位"的就业方式，进行免费专业技能培训，在园区农产品产品加工车间、园区运营管理服务业中解决部分人就业。三是服务性就业。通过第三产业项目的带动，采用"住宅＋作坊"的方式，规划在集中安置区发展一些作坊式农副产品集市、旅游工艺品集市及旅游服务综合配套，让原住农民融入现代农业和旅游服务业。形成以生态农耕体验＋特色农产品集贸的农旅一体化模式。

第三，多方式促增收。一是土地流转收入。项目以300元／亩的标准支付农户土地流转金，农户可每年获得保底流转收入。二是园区内务工收入。项目的实施需要较多的劳动力资源，可分为长期工人和短期急聘务工人员，农民可根据自己的时间安排灵活务工。三是项目区农民从事服务业收入：通过项目第一、第三产业互动，利用旅游服务、餐饮酒店等，转化部分劳动力为服务用工人员，打造生态休闲农产品经营场所及产品市场，对接旅游市场，可实现每户农户经营收益5000~10000元／年。通过项目带动发展，"公司＋农户"的高度合作，由公司提供技术咨询及建立管理标准，建立农户保底收入，并实现亩产比传统农产业增收。

第四，发挥整体经济社会效益。一是农业产业化项目将成为现代高效农业示范性项目，为传统农业向现代农业特色化发展起到重要的借鉴作用和推动作用。二是现代高效农业项目建设将更好地保护道真县得天独厚的自然资源，生态环境也能得到充分改善，产业互动的发展，将促进道真县经济大步发展，提高了地方的整体水平，使人民在生活和精神上都取得了较大的提升。三是建立并形成品牌产业，实现精准脱贫、保收增收的平台效益，带动周边片区相关配套产业快速发展，并促进项目区域内农民就业增收，还可以加快培养一批有文化、懂经营、会管理的新型农民，大大提高农民的文化与素质修养。四是项目始终关注三农问题，深度挖掘生态经济，实现绿色增长。五是随着项目三次产业延伸拓展，充分利用"农旅结合、文旅结合"，随着旅游客流逐年递增，农户的农副产品附加值也相应提高，并将充分推动餐饮、住宿、旅游纪念商品销售等发展，农民的收入将得到相应的提高。六是随着农业产业化项目的持续开发建设，居民将实现从纯农业直接收入、产业加工收入转嫁到旅游服务业收入的软着陆，特别是依托道真独特的区位优势，地方经济收入在产业互动发展中也将大大增加。七是项目区农民通过土地流转、项目区务工、入股分红、"公司+农户"、经合组织及从事项目服务产业等实现增收2万~3万元，并解决项目区总就业率达80%以上。

（六）雪峰山旅游公司联村开发

雪峰山旅游公司在旅游开发过程中，始终将旅游开发与扶贫攻坚密切结合，不断地探索居民致富的机制和途径，取得了重要的成就。自2014年5月雪峰山旅游公司成立以来，心无旁骛实干旅游开发，计划将雪峰山旅游功能区建设成30亿元投资规模的宏大版图。目前已经拥有2个分公司、2个子公司和1个文化研究会，现有员工146名。公司创建的4个生态文化旅游景区中，已有2个成为国家3A级景区，还有1个3A级景区已通过专家组验收评审，1个4A级景区正在创建之中。公司在旅游开发过程中，始终不忘企业的社会责任，以雪峰山优质旅游资源为载体，以精准扶贫为己任，始终把农民当作旅游开发的受益主体，通过发动贫困农民参与景区建设，安排子女就业，兴办农家客栈，组织民间民俗表演以及发动农户以房屋、山林、土地等资源入股享受分红等形式，享受旅游开发的红利；帮助景区贫困村硬化公路50多公里，加固整修灌溉水渠20多公里，改水、改厕、改造民居126栋，受益群众达10多万人；共吸纳1800多名贫困人口常年在景区务工，安排了110多名贫困家庭子弟在公司就业，累计发放工资和劳务费7700多万元；投入近500万元扶持62户贫困户建起了农家客栈、扶持贫困80户开展生态养殖、种植；组织530多人民间艺人组成了12支民俗文化表演队；发动275户贫困户以老木房和山林等资源入股参与开发，投入帮扶资金1100多万元，帮助3000多名贫困群众直接脱贫致富。

目前，景区所属的乡村的生活环境和居民思想观念都发生了显著的变化。如古老的阳雀坡、破旧的雁鹅界、落后的山背都成了风景秀美、文明卫生的"美丽乡村"。旅游扶贫带来了连锁效应，不仅贫困人口减少了，村民的思想观念也更新了，资源资产激活了，乡村环境也变美了。龙潭镇阳雀坡古村落，为清朝年间修建的古民居，陈旧破落，已无大的居住价值了。这样一个由老祖宗留下的房产，在公司的精心打造下，古村落与古民俗融为一体，焕发了迷人的魅力。自 2016 年开业以来，这里游人如织，仅 2017 年腊八节就接待县内外旅客 2 万多人。2017 年 6 月，来雪峰山旅游景区考察旅游扶贫工作的省委书记杜家毫为雪峰山免费凉茶点赞，高度赞扬旅游扶贫的成效。

六、能人引领型

由于思想观念的束缚，贫困地区的不少居民对参与旅游扶贫项目有很多顾虑，通过能人的引领，可以带动更多居民参与旅游开发，通过自身努力实现脱贫。

（一）吉首坪朗豆腐领头人——石清香

坪朗豆腐河溪醋，坪朗豆腐领头人石清香被誉为"豆腐西施"，她开办的石氏豆腐坊向本村及周边村 100 多户农户收购青皮黄豆，解决建档立卡户 20 多名村民在石氏豆腐坊及乡巴佬厨房就业，人均年增收 15000 元左右。随着整个矮寨旅游业的快速发展，她还计划在坪朗村修建具有生产、加工、包装、体验、展示、休闲等多功能于一体豆腐作坊，将直接解决 50 多名村民的就业问题，带动 200 多名村民脱贫致富。

坪朗村位于吉首市峒河河畔，山好水好，人杰地灵，自古就有"坪朗豆腐河溪醋"一说。石氏手工石磨豆腐全部采用本地青皮豆为原料，天然矿泉水泡豆，手工石磨磨浆，柴火铁锅熬浆，这四点决定了坪朗豆腐的卓越品质。2012 年参加了中国长沙农博会，获得"豆腐大王"称号。2013 年坪朗豆腐制作技艺被列为吉首市第四批民族民间传统文化保护名录，石清香的父亲石光耀被评为《坪朗豆腐制作技艺》非遗传承人。为了宣传坪朗豆腐，石氏豆腐坊于 2015 年在吉首市内开了一家坪朗豆腐专卖店。经过石氏豆腐坊及村民的不懈努力，坪朗豆腐越来越受到吉首市民及游客的喜欢。在此过程中，坪朗豆腐得到了上级各部门及各级领导关怀和指导。2016 年 5 月 18 日，湖南省委书记徐守盛一行到坪朗苗寨石氏豆腐作坊实地调研，省委书记亲自体验手推石磨豆腐，品尝鲜嫩的豆花，并嘱咐石清香要保持产品原生态、对传统石磨豆腐技艺进一步升华，强调一定要保证质量，让消费者吃放心、安全、健康食品。

石清香于 2012 年在坪朗村开办了乡巴佬厨房，成为了坪朗村农家乐的第一人，也因此为坪朗村的乡村游拉开了序幕。农家乐吸引了众多的吉首市民及外地朋友前来观光、游览。石清香同时鼓励和带动本村村民发展特色小吃，传统苗绣，丰富坪朗村旅游资源。为了更好地宣传坪朗村，她个人出资 3 万多元与村民一道成功举办了 2015 年坪朗村第一台春节联欢会及千人长龙宴，作为主要的负责人，在近 3 个月筹备期间，尽心尽力，协调各方关系，使得晚会得以顺利举办。整个晚会得到了各方一致好评，湘西州各电视台及湖南红网都进行了报道。极大提高了坪朗村的知名度，促进了坪朗村的乡村旅游的发展。

另外，石清香于 2009 年在吉首引进蓝莓种植，是蓝莓种植引进湘西的第一人。她为此花费了大量的心血，常年聘请当地 10 多名当地村民在蓝莓园做工，2012 年种植的蓝莓成功结果且实现了销售。通过宣传吸引吉首市民亲自来蓝莓园采摘，成为了游客的休闲、观光好去处。

（二）龙山深山"格桑花"——田邦文

牙龙湾系龙山县洗车河镇一个典型的土家族聚居村寨，距县城 53 公里，距 209 国道 13 公里。全村由 7 个自然寨组成，总面积 2 万多亩，总人口 716 人，贫困人口 570 人，田少、地少、人均收入少，是国扶贫困村。由州纪委倾情扶贫，各部门鼎力支持，基础设施建设得到根本改观，牙龙湾旧貌换新颜。但没有支柱产业，脱贫致富难度很大。

1. 将乡村旅游作为产业扶贫的抓手

绿水青山就是金山银山。牙龙湾 2 万亩面积，有 1.8 万亩的原始次森林，龙山县作协主席黄光耀游览后赋诗道"牙龙一溪一湾沟，爬岩一醉一密泉；龙潭一潭一拱桥，母科一寨一枫山"。利用天然的生态，发展乡村游是牙龙湾人的出路。有了思路，田邦文自费到周边考察，来凤的杨梅古寨、宣恩的彭家寨、咸丰的麻柳溪、吉首的椰木花海、凤凰的香薰山谷。请县旅游局的行家来牙龙湾考察，指导牙龙湾开展乡村游。给州纪委汇报想法，领导表示大力支持。田邦文召开村民会，讲山外见闻，讲自然优势，最后大家达成共识：发展乡村游，致富牙龙湾。

2. 三大板块开发乡村旅游产品

田邦文借鉴外地的做法，专家的建议，精心谋划，最后确定牙龙湾发展乡村游按三大板块实施。建母科花海，母科寨不种苞谷种花草，栽百日草、栽格桑花。如今百日草争奇斗艳，称为幸福之花的格桑花绽放在牙龙湾，爱美的游客在花海流连忘返，笑声荡漾，定格甜美的瞬间。修徒步小径，根据游客不同的需求，按线路长短列了五条经典线路，让久居城市的游客，在原始次森林里徒步，呼吸天然氧吧的负氧离子，捡路上散落的野果，空山鸟语，感受四季的山花烂漫。引导游客捉蟹戏水，感受野趣。"一湾水来一湾鱼，一沟虾来一沟蟹。"去牙龙湾溪里追逐戏水，去牙龙沟里捉蟹捞虾，去牙龙岭上捡菌摘果，让成年人重温昔日旧梦，让孩子体味今朝童趣。野趣横生的牙龙湾，令人无比沉醉。

乡村旅游让村民逐步走上脱贫之路。田邦文组织没出去打工的贫困户在花海里劳作，打造徒步线路。彭昌友、向帮成、董成林、李顺友等贫困户坐在家中有事做，有了一份收入。田邦文发动住在花海边的贫困户徐克家开农家乐，自己又带几个贫困户也开了一家农家乐。村民纷纷把土鸡、腊肉、土鸡蛋、时令蔬菜卖到农家乐，换成了真金白银，自然笑逐颜开。腊肉是自己熏的，土鸡是自己喂的，小鱼儿是自己卡的，竹笋是自己扯的。鼎罐煮米饭，铁锅炒野菜，家常美味，清香四溢，游客们醉不思归！仅2016年7月，两家农户家乐共接待游客近300人，收入1万多元。游客们把精美的照片发在微信群朋友圈，牙龙湾的名声越来越响亮。农家乐也带动了贫困户喂猪、养鸡、种时令蔬菜的激情。

（三）永顺土家山寨能人——杨锦霞

在位于湘西永顺县车坪乡咱河村有一位中年妇女——杨锦霞，她将全村 14300 多亩野生板栗，从过去的荒废、粗犷的管理，向着科学规范化管理迈步，经营方式朝着乡村文化旅游和游客自由采摘方向转型，成立了咱河板栗专业合作社。将这一特色生态农业产业为主题打造成强村富民的生态文化旅游特产，全村有 200 多农户加入了板栗合作社。

她将每年的十月十日定为咱河板栗节，2014 年 10 月 10 日丹桂飘香时，举办了首届板栗节，在板栗丰收的节日里，她组织土家人和来自各地游客们一道打板栗、捡板栗，在万亩野生板栗园中跳起板栗舞，对唱板栗山歌，在农家小院游玩。板栗节上的板栗宴，游客们还吃上了道道板栗菜，餐桌上还喝上板栗酒。她带领村民在万亩野生板栗基地上常年放养土司黑香猪，这些特色农产品在历代土司王朝中都是上等贡品，以传承土家族物质文化来促进当地农业生态旅游。

她每年自筹资金在腊月二十三日备用丰盛的食品与村民们和游客们过土家族赶年，组织土家人拍手欢歌，吹土家族乐器和打土家溜子。精心安排土家族长龙宴，让来自各地的客人品味山寨盛宴。2015 年她全额出资与湖南日报报业集团、华声在线在咱河村拍摄的全国原创户外相亲旅游节目《心动瞬间》第一季的第一、第二、第三集实现了全球上线，目前网络点击率达 200 多万次，节目中充分展示了土家人婚庆文化、农耕文化、传统村寨保护、民族文化传承、土家族传统美食等。利用酉水河咱河段龙潭原始碾房碾米，将土家族人利用天然酉水河造就人工水碾作坊，精作出生活大米和土王贡米，把纯朴土家人敬重土司王朝的原始生态生活实充到乡村旅游体验之中。在酉水河中利用竹木排实施平湖游项目，让客人享受大自然风光和乡村休闲。

（四）凤凰乡村游"半边天"——麻金梅

麻金梅作为一名资深旅游人士，利用山江镇早岗村秀丽的峡谷风光和浓郁的民族风情，在此地开办了凤凰县最早的乡村旅游景点之一——苗人谷景区。景区开办初期，麻金梅不畏艰险，与当地的村民一起同甘共苦，积极争取政府支持，完成了通村公路的建设，并对景区的基础和配套设施进行全面完善，实现了景区从无到有的跨越。为了把游客引入苗人谷，麻金梅认真琢磨游客心理，着力提升景区文化内涵，她把村内能歌善舞的村民组织起来，给游客朋友唱苗歌、打苗鼓、跳苗舞，还聘请县内能人来早岗表演上刀山、下火海等苗族绝技，通过收集当地传说、故事的方法，编写了一套朗朗上口、引人入胜的导游词，让游客朋友们在解说中进一步了解苗寨的历史沿革和风俗习惯。随着景区知名度提升，游客逐渐增多，极大地推动了当地经济的发展，许多村民都开始成为景区"服务员"，得以脱贫致富。因此，许多在外打工的年轻人也都纷纷返乡就业、创业。随着景区经营规模扩大，麻金梅开始着手建立景区旅游公司，公司管理和服务人员多选用当地的村民，并通过外出培训、请专家授课等方式提升景区管理和服务人员的水平。目前，山江镇苗人谷景区是凤凰县乡村旅游一颗璀璨的明珠，麻金梅也多次受到凤凰县委、县政府的表彰，赞誉她为凤凰乡村旅游的"半边天"。2009年，在政府领导下，在政策支持下，麻金梅再次开发了千潭苗王洞景区，成功复制了苗人谷模式，带领当地居民脱贫致富。

2013年，习近平总书记在花垣十八洞村提出了"精准扶贫"重要思想，麻金梅积极响应号召，在山江镇苗人谷景区和老家寨景区必经之路上，承包土地300多亩，经营起了苗族饮食文化传习所（石头屋），部分村民用土地入股方式参与分红，在国家全力扶贫的大环境下，她积极响应国家、省、州、县的文件精神，以带动村民脱贫致富为己任，探索出了"乡村旅游＋农家乐＋贫困户"的脱贫模式，她以苗人谷景区和老家寨景区的游客为客源市场，以当地居民（贫困户）提供的食材为原材料，为游客提供餐饮服务。良好的餐饮环境、特色的苗家菜品和热情的员工服务让游客们纷纷慕名而来。为解决当地贫困户"就业难"问题，麻金梅按照"人才适用原则"，对当地贫困户的文化水平、个人所长进行了深入调查，决定聘用当地村民担任饮食文化传习所里的管理员、服务员、清洁员，直接为他们提供就业岗位。当得知有些贫困户存在买不起食材原料的困难时，她更是用好、用活精准扶贫政策，与政府一起发动贫困户，通过买猪仔、鸡仔、鸭仔免费送给贫困户，让贫困户按最传统的养殖方式喂养，成品以后按市场价回收的方式，来解决当地贫困户食材来源没路子的问题。2015年，在麻金梅的带领下，该饮食传习所共创收280多万元，带动百余人就业，脱贫模式得到凤凰县委、县政府的一致肯定和大力推广。

（五）绥宁金水湾山庄——龙文琼

绥宁县生态休闲山庄董事长龙文琼通过发展种养基地，为游客提供绿色有机食材，促进了餐饮业、住宿业的发展，带动了群众脱贫，在农户、公司和市场之间架起一座致富的桥梁。龙文琼积极开展联村工作，帮助村里开发旅游、土特产销售等，2017年5月荣获"绥宁县十佳最美扶贫脱贫苗侗姑娘"称号。

第一，收购当地村民采摘的野生茶叶，开展茶叶采摘体验游。绥宁瓦屋、金屋、水口有大量野生茶叶，由于交通不便、产量不高，加上季节比山外晚，往年没人收购。从2013年以来，特别是2016年，她广泛宣传，大量收购鲜叶，其中梅坪、木兰田等村参与采摘茶叶的每年就有100多户，人均增收2000多元。同时推广茶叶采摘体验游，带动当地群众开展饮食、住宿服务，增加收入。

第二，发动村民熟食散养东山花猪，开展生态循环种植。东山花猪以其肉质细嫩、口感丰富、肉香四溢而广受市场欢迎。她购买仔猪，送给贫困户喂养，并提供技术和防疫服务。仔猪长大以后，以高出市场价2元的价格回收。2014年正式开始后，每年跟她签订协议的达300多户，平均每户增收4000多元。2016年，又开始新的生态循环种植模式：熟食喂猪→排泄物→种生姜（蔬菜）→养猪即猪粪种植生姜等蔬菜，公司负责收购，剩余蔬菜又可以喂猪。并在寨市东门洞由山庄承租土地免费给六鹅洞村民种植，并且提供种子农资，保底价回收，要求就是农户不打农药不施化肥种植。村民没有一点风险且平均每户增收3000多元。

第三，解决贫困户家庭就业，增加贫困村民经济收入。2016年她针对六鹅洞村贫困家庭实施创业计划，全力吸纳当地贫困劳动力就业。从本村聘用5人负责金水湾生态休闲山庄卫生的清扫、安全管理与服务员工作，并向县城民族酒店、林海大酒店等推荐该村20多人从事服务工作。

七、旅游合作社引领型

（一）新邵县潭府玫瑰园基地

湖南省黛安娜玫瑰生物科技有限公司旗下的潭府玫瑰园基地，位于新邵县潭府乡下潭村，现建地3000亩，已栽植药用玫瑰2000多亩，食用玫瑰400亩，精油玫瑰450亩。公司现有职工70人，已完成了生态园区建设、玫瑰产业园区建设，拥有1000平方米的玫瑰加工厂房和400平方米的办公楼，并配有良好的道路基础设施、停车场、餐饮住宿等。该玫瑰种植基地集苗木培育、玫瑰种植、玫瑰加工、旅游观光于一体，观赏性和参与的互动性极强，深受游客欢迎。新邵潭府玫瑰园基地和潭府花卉专业合作社积极参加"百企联村，同走致富路"活动，解决了5000余劳动人口就业问题，为旅游扶贫及精准扶贫做出了应有的贡献。基地所在的下潭村年人均增收可达13000元，比种植粮食每户每年增收10000元，在玫瑰加工阶段新增农民就业人数人均年增收10000元以上，极大改善和提高了项目区低收入农民群体生活条件。主要做法包括：

第一，充分利用好土地资源，带动村民致富。玫瑰园基地占地3000亩。建设用地是以每亩每年300元的价格向当地村民租下的。将其改造成玫瑰园，种植玫瑰，供游人参观、出售玫瑰产品。下潭村、水口村、杨亦村等400多户农户通过出租土地的方式有了固定的收入。

第二，充分利用当地人力资源，吸纳农户就业增收。玫瑰园基地的基础设施建设，玫瑰的种植、养护工作，玫瑰产品的加工等各项工作等都是通过吸纳当地有意向的农户参与，让农户在自己家门口就能轻松就业，达到家庭与工作兼顾的目的。"百企联村"活动中，黛安娜玫瑰生物科技有限公司抓住城乡统筹发展的战略机遇，在产业延伸上找支撑点，把本企业发展与下潭村及周边村的经济发展紧扣一起，把产业链向农村延伸，深度发展加工业。如潭府玫瑰园基地在下潭村设立一个生产加工点，把玫瑰花的各种加工业务下放到村，组织村农户就近学技术，企业无需付出过多的培训、场地租赁等费用，在降低企业生产经营成本的同时，也解决了生产旺季用工难题，村里200余名涉农居民在家门口实现就业，人均月收入近1000元。实现了企业和当地群众的双赢。目前玫瑰园基地已与当地农户签订 100 多份的就业协议。农户通过土地出租与基地就业共可达到 2000 元／月左右的收入。

第三，利用农村合作社的形式，促进当地经济发展。新邵潭府花卉专业合作社以农村合作社的形式发展各村的农户种植玫瑰花，以公司参股微型玫瑰农庄的方式，公司提供育苗并进行技术指导，微型玫瑰农庄负责种植，成熟后产品由专业合作社负责对所有种植户的玫瑰花实行保底收购，进行统一加工销售，确保农户的最高收益的同时，也使得种植基地不断发展。公司引进云南、山东、甘肃等地的先进种植加工技术和优良品种，拓宽农户种植品种的范围，增加加工品种。种植有食用玫瑰、药用玫瑰、鲜插玫瑰；建设占地 1000 平方米的加工厂房，引进了配套的鲜花加工设备，并先后开发了玫瑰花茶、玫瑰花酱、玫瑰花饼、玫瑰膏、玫瑰花精油、玫瑰花护肤品等系列产品。增加农户的产品加工方式。通过合作社的形式让村里 10 多户的农户有了 1000 元／月保底收入。

第四，通过农业产业化经营，千家万户的农民实现了与市场的对接。将第一、第三产业结合发展农业观光旅游业，显著促进农民增收、农业增效和农村繁荣。为下潭村及周边村民提供大量的就业机会，安置了社会闲散人员和农村劳动力。每年的玫瑰观赏期吸引大批游客，2016 年四五月湖南省黛安娜玫瑰生物科技有限公司举办的"神龙杯"花样舞龙竞赛和玫瑰花泼水节以及水上乐园吸引了近 10 万游客观光游玩，赏花的火爆带动了玫瑰花产品的热销，"黛安娜"及"雪湘"品牌的玫瑰花茶、红酒、鲜花饼等食品及玫瑰面膜、精华液、爽肤水等化妆品供不应求，同时带动了当地的农副产品及餐饮服务业的发展，为当地群众提供了致富的渠道。自开展"百企联村、同走致富路"活动以来，下潭村实行农村生态旅游和"农家乐"休闲旅游，玫瑰园基地所在的下潭村先后发展起 10 余家农家乐，餐饮服务业带动本村 100 多人就业。黛安娜玫瑰园所在下潭村通过发展玫瑰产业，村民年人均纯收入增加 800 元以上。

第五，围绕农村旅游开展共建。玫瑰园基地在完成对自身基础建设与产业发展的同时，也带动了村里的基础设施建设，当地原本不理想的道路状况，由于基地观光的需要，在县委县政府的支持下，2017 年进行重修完善。同时，依托玫瑰园基地，将在基地附近建设 150 平方米的游客接待中心、50 平方米的旅游厕所及 2000 平方米的停车坪，总投资 143 万元，选址工作现已完成。这些建设一方面为基地提供了旅游观光的配套设施，也较大程度上改善了村里的村容村貌。

（二）新邵县筱溪库区玫瑰花合作社

筱溪库区玫瑰花农民专业合作社创建于 2010 年 8 月，以大东村为主基地协同周边 12 村注册成立，注册资金 2800 万元。公司现有职工人数 110 人。形成了"合作社＋基地＋农户"的产销运作模式，注册雪湘玫瑰花商标。为社内成员统一提供种苗，统一种植技术培训服务，统一产品商标包装销售，统一产品质量认证，统一生产加工标准，统一保底价格收购鲜花，通过土地入股，资金入股等多种方式吸纳移民户、困难户加入合作社。现已发展人员 228 人，开发生产基地 7600 亩，玫瑰花种植面积 10200 亩，育苗基地 65 亩，加工厂房 3200 平方米，其中玫瑰花茶加工生产线 2 条（雪湘玫瑰花茶 KL-2D-30GS 微波干燥机），精油萃取线一条（采用超临界 CO_2 萃取法与水蒸气蒸馏法），产品质量达到国家著名商标标准。主要产品是玫瑰花茶、玫瑰花露、玫瑰花精油、玫瑰花酱速溶茶、面膜、洗发水、洗面奶等 10 多个品种深加工，并与广州、长沙等地的客商签订了长期供货合同。雪湘玫瑰花种植基地集苗木培育、玫瑰种植、玫瑰加工、旅游观光于一体，观赏性和互动性极强，深受游客欢迎。合作社致力于打造玫瑰节庆、博览与会展；玫瑰婚庆园及摄影基地，发展农家乐等农村休闲旅游产业，带动农民致富。大东村与邵阳市筱溪库区玫瑰花农民专业合作社进行企联村活动以后，就业渠道大大增加，农民人均收入比以前增加了 3 倍。

第一，科学规划做大基地。要做大玫瑰花这一产业，科学规划是"龙头"。一方面，该企业专门编制了《新邵县筱溪电站库区玫瑰花生态种植及产业化开发项目可行性报告》，争取了县有关部门的大力支持。另一方面，新邵县委、县政府结合资江风光带旅游开发项目，将

"做优做强玫瑰产业，建设一流的玫瑰谷"列入了"十二五"产业发展规划，就"湘中玫瑰谷"建设制定了"三年搭框架，五年打基础，十年成体系"的发展战略，并出台了一系列的政策性扶持措施。玫瑰产业发展的基础和前提是基地规模化。新邵县在玫瑰花发展之初，就出台了一系列高起点做大基地的若干规定。在基地建设上要求做到"四统一"，即统一规划、统一设计、统一标准、统一建设；在资金投入上，县内整合移民开发、农综开发、国土整治、财政扶贫、新农村建设等多项资金，实行打捆支持。

第二，公司带动辐射周边。"公司＋基地＋农户"的经营模式，是现代农业产业化发展的必由之路。2010年8月，"邵阳市筱溪库区玫瑰花农民专业合作社"挂牌成立。该合作社实行公司、基地、农民一体化经营，生产、加工、销售一条龙发展，志在打造一条高标准的玫瑰花产业链，在标准、优质、高产、高效上发挥辐射带动和科技示范作用。

第三，土地流转，规划用地。邵阳市筱溪库区玫瑰花农民专业合作社进入大东村，进行了土地规划以及土地流转，以每亩每年300元的价格向当地村民租下了近5000亩土地。将其改造成玫瑰园，种植玫瑰，供游人参观、出售玫瑰产品。三门滩、栗滩、上南、下南、磁溪、大西、龙口溪、油麻田和田冲等近500户农户通过出租土地的方式有了固定的收入。

第四，规范管理，统一销售。合作社成立后，为防止散、乱、弱的粗放增长模式，出台了一系列规章制度。对加入协会的会员实行"四个统一"：统一种苗，所有种苗都由合作社统一提供，确保品种优良；统一技术，所有技术管理都按照合作社制定的标准化流程来统一规范化管理，抚育、施肥、病虫防治、修剪、采摘等都按照统一技术规范来操控，从而保证玫瑰花的品质；统一加工，农户采摘玫瑰花后统一按保底价进行收购并加工；统一销售，由公司统一销售到市场上，既保证了品牌，又能卖到好价钱。

第五，开展培训，提供服务。筱溪库区玫瑰花农民专业合作社定期对农户开展技术培训，让农户掌握技术要领，建立技术服务热线电话，由专家解答农户生产中的各种疑难问题，提供技术指导，在玫瑰生产关键时期，由专家深入基地提示技术要领，让百姓规避了风险，实现了利益的最大化。引导农民转变种养观念，提高农民发展生产的能力。农民不再仅仅是面朝黄土背朝天，农忙时，机械耕作，农闲时到厂上班。

第六，村企共建，互利共赢。在百企联村活动中，玫瑰园基地的基础设施建设，玫瑰的种植、养护工作，玫瑰产品的加工等各项工作等都是通过吸纳当地有意向的农户参与，让农户在自己家门口就能轻松就业，达到家庭与工作兼顾的目的。结对村企共录用富余劳动力100余人，即解决了部分劳动力就业的问题，也缓解了企业用工紧张的难题。帮扶村有30%劳动力结对企业打工，月平均收入2000多元，实现了在家门口"打工"的局面。

（三）绥宁花千谷合作社

绥宁花千谷生态旅游观光专业合作社，位于绥宁县李熙桥镇滚水村，该村贫困户102户375人。2016年以来，合作社采取"合作社＋农户"的发展模式，吸纳贫困户102户，贫困人口375人，利用现有山林资源，主要以种植花卉为主，2016年流转土地2600多亩，打造2000亩的四季有花、赏花的花千谷；大力发展生态种植养殖，打造生态休闲、农家乐旅游观光为一体的现代旅游，修建漂流河道、村口标志门楼，旅游配套设施等，村民屋前屋后种植果树，花卉，彻底改变村容村貌，通过发展种植养殖，吸引游客"赏千亩花海、尝农家美味"。合作社通过土地流转、基础设施建设、发展特色生态旅游等方面，提高老百姓积极性，增加村民收入，带动整村脱贫。主要措施包括：

第一，完善土地流转。通过与84户村民签订土地流转协议，将滚水村第三、第四组土地2600亩，其中第三组耕地196亩，第四组耕地152亩，山场2300亩，全部流转至花千谷生态旅游合作社，统一规划、统一管理。

第二，改善基础设施。加宽进村道路，在村口规划500个车位停车场一个，公共厕所10个；新建景区入口大门，硬化滚水三组经土地堂深泥冲至七宝山寺，七宝山寺经洞头、大冲口至四组于光武家门口道路，树立景区导向牌，修建种植区、养殖区、游客采摘体验区等旅游观光步道，修建面积100亩的狩猎场围栏，修建景区内公共厕所，种植花卉灌溉水利设施，修建水坝两座，打造漂流河道2.5公里，修建1.5公里长从七宝山庙至土地堂亭子处观光索道缆车一部，购置旅游观光车10辆，修建容纳2000人的实景剧场一个，打造以《洞》为主题的实景演出剧一台，修建自来水蓄水池3个，景区内接通光纤、电力设施、监控设施等。

第三，推动旅游产业融合发展。一是发展种植养殖，利用现有资源，带动一批养殖大户、种植大户。二是发展生态旅游，利用周边乡镇集资，修缮七宝山寺，发展佛教文化旅游，以岩孔里水库至黄山冲、深泥冲、七宝山周边种植四季花卉，打造1000亩规格的四季花卉基地，在岩孔里水库边修建农家乐。三是发展影视基地，利用现有自然资源以及四季花卉，为婚纱摄影机构、影视剧组提供取景服务，适合爱情题材、战争题材、农村题材等剧取景。

第四，权利做好市场营销。2017年2月12日，成功举办花千谷项目推介暨产业扶贫动员大会，市、县、镇各级领导以及村支两委，村民成员代表上千人参加。2017年3月12日，以"三生三世十里桃花"为主题，成功举办亲植桃花林，吸引全国各地网友1500多人参加，当天植桃树2000多棵，并得到广大媒体竞相报道。

第五，不断完善管理体系。花千谷成立了三人的财务小组，前期收入股资金505000元，账目做到1月1日公开。成立了理事会、监事会、财务组、核心组，并把84户股东分成四个小组，可以准确，及时地分发董事会的各项工作要求，并且各项事务可以快速地分工合作。

八、旅游商品开发型

（一）城步县"互联网＋特色农产品"

大木山村位于城步县儒林镇东南方向，东北与巴蕉村相邻，南边是风景秀丽的白云湖国家湿地公园，距县城7公里，村落依雪峰山脉黔峰山脚而建。村中千年古树群与村中民房错落有致，乡村景色美丽，村前古鱼塘为村景更增亮点，候鸟常年栖息，自然生态美景遍极全村。

在城步县政府指导下，城步天元旅游开发有限公司以旅游带动贫困村经济，以特色产品推动旅游，以精准扶贫带动百姓脱贫致富，以互联网为前端、线上线下一体化经营实现脱贫致富为目的，天元旅游公司立足与城步县大木山村脱贫致富，结合大木山村现有的情况，开展了一条以杨梅经济带动旅游产业的致富之路①。

第一，杨梅变"金梅"。因大木山村特有的地理环境和气候影响，公司选以野生杨梅为突破点，响应国家退耕还林之号召大力支持大木山杨梅种植事业，全村所有农户种植杨梅面积达 5000 余亩，人均 30~40 棵至，年产量高达 40 万斤。其中，包括了浙江"荸荠"乌梅、靖县"木洞"乌梅、"东魁"乌梅等几个优良品种，大大提高了该村的人均收入。

第二，借势互联网和创意活动营销，销量大增。2016 年城步天元旅游开发有限公司大力推广大木山杨梅特色产业带，以"公司＋农户"的合作模式大力开发大木山野生杨梅旅游特色资源。公司自有品牌"三碗客"为商标主导，自主开发苗乡野生杨梅特色包装（苗乡特色三碗客彩箱＋定制恒温泡沫箱＋食品包装盒＋食品级冰袋），借力城步苗妹肖丹为三碗客品牌形象代言，通过"互联网＋媒介＋渠道＋消费者"的闭环发展模式，解决了线下销售物流，信息传递面临的困窘，更进一步推动了城步杨梅走出当地，走向全国。天元公司于 2016 年 6 月 13 日在省会长沙隆重举行全国性大型三碗客牌大木山野生杨梅新闻发布会，面向全国免费发放十万份大木山杨梅品尝活动，得到了社会各界媒体的青睐与支持，各大媒体、报刊等头条展示。2016 年 6 月 14 日，公司互联网对接窗口仅在 6 小时内就接到来自全国各地的 10 万份订单。2016 年 6 月 16 日在城步苗族自治县儒林广场举办大型首届杨梅节活动及杨梅免费采摘品尝活动，邀请社会各界媒体及知名电商企业参与，以各大电商平台为销售对接窗口，大木山杨梅以前所未有的销售高价格风靡上市，短暂的 20 天时间实现大木山村民足不出户亦能高价出售出全部杨梅。2017 年 6 月 21 日，湖南省城步第二届杨梅节在城步儒林广场举行，天元农业京东扶贫馆为大木山杨梅提供了互联

① "互联网＋精准扶贫玩转城步杨梅"，2016-06-27.http://www.sohu.com/a/86438514_217041.

网销售渠道。

第三，以"杨梅经济"为依托发展乡村游。每年到了杨梅采摘季节，城步天元旅游开发有限公司组织游客前往大山村采摘杨梅，白天免费品尝、采摘杨梅、摄影，夜晚露营古树下享受杨梅做成的各种菜肴，为村里的农户带来了丰厚的收入。2016年该公司共销售大木山村杨梅45万斤，实现农户平均收入5万元，实现了农户脱贫致富49户共计110人。

"互联网＋"可以大显身手，不仅可介入扶贫目的地品牌故事及产品的溯源创造，同时还可以加强其产品在电商平台上的营销推广、实现系统性的安全监管和市场组织，这样的精准信息触点，即可以让广大贫困群众以低廉的价格获得超值的服务，还可以以低成本短时间，把扶贫工作信息送到千家万户，使扶贫政策更加公开公平落地，做到打通"最后一公里"。

（二）张家界特色旅游商品扶贫

张家界作为三湘大地一块风景绝美、风情浓郁的人间仙境，在推进全域旅游发展过程中，始终坚持走乡村旅游与旅游扶贫发展之路，景点扶贫、线路扶贫、商品扶贫、就业扶贫的四轮驱动旅游扶贫模式成效显著。其中，开发了旅游商品成为张家界旅游扶贫的重要内容[①]。

第一，深山土货成"抢手货"。2017年7月31日，"张家界礼物"首家门店正式对外营业，首批入选"张家界礼物"的产品涵盖张家界本地生产的工艺品、休闲食品、生活用品等近50个品种。未来，"张家界礼物"将扩大至全市所有优质旅游产品，让超过6000万人次的游客乐游张家界、乐购张家界。一件"礼物"就是一个"扶贫工厂"。"乖幺妹"土家织锦先后培训员工1200人次，5个生产基地106名贫困人口，年人均收入可达3万元；"湘阿妹"菜葛基地通过村企共建、委托帮扶、小额信贷等产业扶贫模式，去年共为协和乡565户分红150万元；"高山怡韵"茶叶带动5个贫困村种植青钱

① 李森林、全建超：《张家界旅游精准扶贫开出数据之花》，2017-08-19.http://hn.rednet.cn/c/2017/08/19/4398215.htm.

柳，212 户 527 名贫困人口人均增收达 2800 元。早在 2006 年，张家界就在全国率先提出"发展旅游产业商品集群"。通过探索与旅游市场紧密接轨的模式，旅游商品产业造血能力持续增强，旅游扶贫功效越来越大。在大力开展旅游商品扶贫的引领下，洞溪辣椒、沅古坪腊肉、白石萝卜等大山深处的"土货"，逐渐成为帮助群众脱贫致富的"抢手货"。

第二，依托旅游兴起产业。张家界以旅游增强自身造血功能，依托旅游兴起的旅游商品产业，成为张家界一个又一个知名的名片。其中，张家界乖幺妹儿土家织锦是 2016 年全市重点产业脱贫扶持项目，它是采取委托帮扶合作模式建立起来的织锦生产基地和营销展示平台，有效带动了索溪峪街道、协和乡共 12 个村 1463 人脱贫增收。张家界正积极举办旅游商品博览会、旅欧购物节、美食节等活动，大力培育和争创旅游商品著名商标、驰名商标。张家界也正在推进"张家界礼物"品牌建设，建立"旅游＋互联网"乡村旅游平台，全市 100 多家旅行社、300 多家景点也正在绵绵不断发力，每天都有成千上万贫困群众忙碌其中，获得收益、养家创业、脱贫致富。

第三，政府支持夯实产业。由政府投入资金，给予政策扶持，为优秀的中小企业提供孵化基地，壮大旅游商品阵容，是张家界旅游扶贫的经验之一。慈利县"众创空间"，粉丝、剁辣椒、鸡蛋、葛粉等农家土特产品一应俱全，同时还有地龙探险、萤火虫户外、慢生活圈、金慈旅行社等企业直接从事旅游行业，本土旅游资源、产品通过互联网进行推介。品牌"一届农户"就是第一批孵化企业，如今，主打品质蜂蜜的一家企业，年销售量达到 450 吨，惠及全县 386 户贫困蜂农。

（三）沅陵借母溪电商引领

距离县城 70 公里的沅陵县借母溪村共 859 户 3295 人，其中建档立卡贫困户 327 户 1122 人。贫困一度让美景"养在深闺人未识"。2015 年 4 月，湖南省委办公厅扶贫队驻村帮扶，通路通水，旅游业、电商平台发展迅猛，沅陵县探索出了"电商助推"精准旅游扶贫新模式：组建借母溪电商平台、网络直播卖年货、爱心年货节 ①。

第一，电商指路助推农产品"身价"倍增。在通过实地调研后，"乡村旅游+农产品电商"成为帮扶工作新的突破口。2015 年 8 月，借母溪村成立了武陵山集中连片特困地区农村青年电商创业服务中心，组建借母溪电商平台，引进淘宝怀化馆、搜农坊、湖南盘古电子商务有限公司 3 家运营团队，吸引 3 县 20 多家微商等社群营销运营团队，开展借母溪旅游和借母溪土货网上促销。2016 年 1 月，在"精准扶贫+互联网+土货"首发仪式上，当日实现在线销售收入 12 万元，以高出当地近一倍的价格卖出鸡鸭牛羊肉等土特产近 4000 斤。当月实现销售收入 60 余万元，带动老百姓增收 10 余万元。电商的加持让原本卖不起价的农产品"身价"倍增、供不应求。2017 年 5 月，种养大户符华生牵头成立借母溪土特产专业合作社，合作社与电商平台合作，合作社提供黑猪、竹鼠、土蜂蜜、茶叶等农产品，电商平台负责包装配送。合作社和包括贫困户在内的农户合作，在核定他们的养殖能力后提供种苗，确保质量，并按照市场价回收，通过合作的电商平台卖往长株潭等地。

第二，电商引流贫困户吃上旅游饭。2016 年，借母溪景区成功挂牌 3A 级景区，为旅游扶贫"再造血液"。2016 年 12 月，"五谷丰登六畜兴旺"猪牛羊鸡给您来拜年，湖南精准扶贫优质农产品走出大山，千名网红、万名农匠接力大直播活动首播在借母溪村举行。通过直播当地的物产，用农产品的销售带动旅游，将传统的农耕文化，自然的景色，慢生活的生活场景宣传出去。在借母溪孵化出来的许多农产品包装上，都会印上借母溪秀美的风光照；以"美食的名义"来玩耍的游客不在少数。淘宝中国怀化馆馆长邢伟霖表示："消费者在尝到农产品之后，也会对产品上的风景产生兴趣，在农产品的消费过程中，把消费者带到原产地，产生休闲农业、二次增收。"火热的电商慢慢成为了农副产品的"大市场"，也为借母溪乡村休闲游带来了大量人气。2016 年，全年接待游客达到了 10 万人次以上。随着景区条件的改善

---

① 何超：《借母溪村：电商指路，贫困户吃上旅游饭》，2017-08-10.http://tour.rednet.cn/c/2017/08/10/4387600.htm。

和知名度的提高，游客纷至沓来，借母溪村民也利用起自己的住房陆续兴办起了农家乐。2015年底，由借母溪山庄牵头组建了借母溪农家乐旅游休闲协会；2016年，借母溪农家乐协会单位接待游客约5万人次，实现收入约500万元，农家乐经营直接为协会村民人均增收3800多元。2017年5月，农家乐协会正式挂牌，加入协会共78户389人，其中贫困户60户245人；协会直接链接贫困户，带动贫困人口增收脱贫，深度参与的贫困户能从农家乐协会得到分红、务工和农产品售卖3份收益。

第五章 武陵山片区旅游扶贫的主要经验

武陵山片区大力利用中央推进精准扶贫政策和促进旅游大发展政策红利，极大发挥主观能动性，在旅游规划、旅游资源与旅游产品深度开发，旅游传统业态改造升级，旅游业融合、"旅游＋"和旅游电商等业态创新，旅游品牌与市场营销，旅游项目争取与立项建设，旅游招商引资，旅游行业管理与行业规范等方面，强力与精准扶贫大行动结合，取得了一系列成效，取得了一系列可供复制与推广的经验。

一、党政主导，完善机制

党委政府高度重视发展旅游，是旅游扶贫第一推动力。按照中央五大发展理念，武陵山区所在的各省市州县党委政府，推动旅游扶贫科学、健康、有序、高效发展方面，探索出了一系列科学的成功的经验，具体概括为战略主导、规划主导、合力共推三个方面。

（一）省级强力主推

武陵片山区省级层面，加大对旅游扶贫的推动力度，实施了系列行动计划、旅游扶贫工程和旅游扶贫创建工作。

湖南省全省开展"旅游扶贫示范县"创建工作。创建对象为湖南省武陵山片区、罗霄山片区、雪峰山片区纳入贫困范围的 51 个贫困县（市、区），创建主体为县（市、区）人民政府。纳入湖南省旅游扶贫示范县的县（市、区）将在全域旅游示范区、A 级景区、旅游度假区、国家现代农业庄园等重点旅游品牌创建及资金安排、招商引资、宣传营销等方面得到支持。

湖北省实施旅游扶贫"旅翼"四大行动计划。一是百村旅游规划公益扶贫行动计划,各市州对湖北省纳入全国"乡村旅游富民工程"的243个乡村旅游扶贫重点村开展乡村旅游规划工作。二是百企"城乡牵手"公益扶贫行动计划,采用"景区一拖二",即全省10家5A级和部分重点4A级景区,每个景区对口帮扶2个以上村,带动景区周边1/3有条件的村发展乡村旅游。采用"农庄一联五",即全省5星级农家乐和重点休闲农业与乡村旅游示范点,帮扶周边5户贫困户发展相关配套产业,带动乡村旅游重点村周边1/3的贫困户脱贫。还采用"民宿酒店一招十",即全省重点乡村民宿酒店每家直接招收附近10名有劳动能力的贫困人口就业,帮助乡村旅游重点村1/3的贫困人口脱贫。三是千人乡村旅游培训行动计划,与人社、农业、移民等部门一道,对乡村旅游致富带头人、重点贫困户、重点村村干部、乡镇长开展旅游创业就业和技能培训。四是万名乡村旅游创客行动计划,成立一批乡村旅游创客基地,设立创客基金,支持建设相应的创新创业孵化平台,3年内引导和支持5万名返乡农民工、大学毕业生、专业技术人员通过发展乡村旅游实现自主创业。

　　贵州省推进"百区千村万户"乡村旅游精准扶贫工程。贵州省是率先在全国提出了"旅游扶贫"的口号,并将其运用于实践之中,取得了很大的成效。近年来,贵州加快推进"百区千村万户"乡村旅游精准扶贫工程,通过100个旅游景区建设和乡村旅游发展,覆盖全省1417个建档立卡贫困村,带动29.4万建档立卡贫困人口就业增收脱贫,占全省脱贫人数的24.5%。

　　重庆市以旅游扶贫专项资金促进旅游扶贫。集中力量打造16个重点区县旅游扶贫示范片,每年安排400万~500万元片区专项资金,还集中产业发展资金、扶贫移民、信贷扶贫、雨露培训等均向片区倾斜,集中财力把示范片做大做精做强。重庆还将专项扶贫资金向旅游景区集中,从2012年起,每年安排1亿元旅游扶贫专项资金,重点用于支持贫困地区旅游扶贫片区建设;每年安排5亿元信贷扶贫资金,用于支持景区旅游企业发展。

（二）市州规划引领

武陵山片区生态文化旅游资源品类丰富多彩、品质高，发展旅游带动性强，如何打生态文化旅游牌，变青山绿山为"金山银山"，既发展旅游又保护生态，必须有科学的战略和思路导航。即规划引领，强化顶层设计，科学指导发展，促进产业和民生共赢。在编制旅游发展规划、争取旅游发展资金、安排旅游公共项目时，向有条件的贫困村倾斜，使乡村旅游和扶贫开发同步规划、同步推进、同步显效。

湘西州以建设"国内外知名生态文化公园"总体规划体系推动旅游扶贫。就是把州域1.5万平方公里作为一个全域生态、全域文化、全域旅游、全域康养的大公园来整体规划、建设和管理，精心培育自然山水大花园、民族风情大观园、绿色产品大庄园、休闲旅游大乐园、和谐宜居大家园，把自治州打造成宜居、宜业、宜游、宜养的武陵胜境。建成"国内外知名生态文化公园"这一顶层设计，确立了未来5年乃至更长一个时期的总战略、总愿景，全力打好打赢脱贫攻坚战。瞄准"两不愁、三保障"基本目标，按照"两年攻坚、三年巩固、应兜尽兜、稳定脱贫"的总体部署，抓紧抓实抓好发展生产脱贫、乡村旅游脱贫、转移就业脱贫、易地搬迁脱贫、教育帮扶脱贫、医疗救助脱贫、生态补偿脱贫、社会保障兜底、基础设施配套、公共服务保障"十项工程"，努力实现全州50万贫困人口、7个国家级贫困县和吉首市省级贫困县早脱贫、早摘帽、早退出。湘西州以生态文化公园发展战略为指导，规划旅游扶贫。湘西州发改委编制的《湘西州生态文化公园建设发展规划》、州交通运输局编制的《湘西州"十三五"旅游公路发展规划》、州旅游发展和外事侨务委员会编制的《湘西自治州乡村旅游发展规划》先后通过专家评审，各县市编制了本地区乡村旅游发展总规和重点村旅游规划。先后印发了《湘西州乡村旅游脱贫工程指导意见》《湘西自治州乡村旅游示范村、星级农家乐、特色民宿、特色旅游商品评定标准》《湘西自治州2016年度乡村旅游脱贫工程考核验收细则》等文件，指导、督促、激励各县市深入推进乡村旅游脱贫工程。

重庆武陵山片区以建设"渝东南生态保护发展区生态经济走廊"规划体系推动旅游扶贫。在重庆实施的五大功能区域战略中，渝东南生态保护发展区就是地理上的武陵山区，包括黔江区、石柱县、秀山县、酉阳县、武隆县、彭水县，面积约 1.98 万平方公里，总人口约 364 万人，是国家武陵山连片特困地区和重庆市唯一的少数民族集聚区、国家重点生态功能区和重要生物多样性保护区。重庆将对渝东南旅游业实施"一体规划、整体打造、统一营销"，着力塑造"武陵风光、乌江画廊、土苗风情"三大主题旅游品牌，构建"步步皆景、处处宜游"的全域旅游大景区。重庆市的武陵山区科学规划，避免恶性竞争。重庆黔江区根据全区旅游发展总体和"十三五"旅游发展专题规划，编制了全区乡村旅游发展总体规划，对全区乡村旅游发展行进合理布局，科学指导各乡镇有序发展乡村旅游，避免恶性竞争，造成资源浪费。重庆彭水县高起点编制旅游规划。将"三线三片多点"的乡村旅游发展布局纳入旅游业"十三五"规划，高起点谋划。《彭水苗族土家族自治县乡村旅游发展规划》明确了乡村旅游发展的思路、途径、措施。鞍子镇新式村乡村旅游扶贫规划获评国家优秀旅游扶贫规划成果，新式村成为国家旅游扶贫重点村及观测点，扶贫成效得到国家旅游局肯定。

恩施州以建成"绿色、繁荣、开放、文明的全国先进自治州"规划体系推动旅游扶贫。恩施州咬定与湖北全省同步全面建成小康社会目标不放松，牢牢把握市场、绿色、民生"三维纲要"，持续全面推进"生态立州、产业兴州、开放活州、依法治州、富民强州"，坚决打赢脱贫攻坚战。

贵州省的武陵山区将旅游扶贫与产业规划进行有机结合。"十二五"期间，铜仁市先后印发了《铜仁市关于加快乡村旅游发展的实施意见》《关于做好 2014 年全市现代高效农业示范园区工作的意见》，编制了《铜仁地区乡村旅游规划》，将旅游发展与农村经济结构调整、农旅一体化、园区景区化、扶贫开发和生态保护、社会主义新农村建设结合起来，在政策、资金、项目等方面重点支持，建设以休闲度假、生态养生、农业观光体验为一体的乡村旅游产品。

（三）建立保障机制

旅游扶贫是一项系统工程，涉及的部门多，产业链条长、参与的利益主体复杂，必须形成科学合理的、高效的保障机制，才能全面推动这项工作。武陵山片区旅游扶贫在组织、资金筹措、投入奖励、督查考评等方面，建立了良好的运作机制。张家界市在旅游扶贫保障机制做得最为成功，总结经验有以下四条。

1. 加强组织领导，建立组织协调机制

实行党政"一把手"负总责的旅游扶贫整区推进工作责任制。湘西州委、州政府召开了湘西州有史以来规格最高、规模最大的全州旅游发展大会，设立州、县（市）、乡镇三级会场，参会人员超过1万人，州委书记叶红在会上对乡村旅游脱贫工程进行了专门部署。州委常委、州委宣传部部长、龙山县委书记、州乡村旅游脱贫工程协调小组组长周云多次召开座谈会或现场调研，推进乡村旅游脱贫工程。湘西州组建了乡村旅游脱贫工程协调小组和办公室，各县市相应成立了乡村旅游脱贫工程协调小组和办公室，制定了《湘西州乡村旅游脱贫工程实施方案》，召开乡村旅游脱贫工程协调会、座谈会、调度会等专题会议6次，建立了州县（市）联动、以县（市）为主、部门协作的工作机制。

张家界市在市扶贫开发领导小组统一领导下成立张家界市旅游精准扶贫工作推进组，由市人民政府分管旅游工作的副市长（执行）和分管农业工作的副市长为责任领导，市旅游外事侨务委、市发改委、市农委（市扶贫办）、市林业局、市住房城乡建设局、市交通运输局、市国土资源局、市经信委、市商务粮食局、市人力资源和社会保障局、市财政局等单位主要负责人为成员。工作推进组办公室设在市旅游外事侨务委，负责指导和统筹全市旅游精准扶贫工作，协调专项扶贫资金，组织督促和考核。为开展好旅游精准扶贫，工作推进组下设景点建设扶贫、旅游线路扶贫、旅游商品扶贫、旅游就业扶贫四个小组，分别由市旅游外事侨务委班子成员任组长。景点建设扶贫组由市农委、市林业局、市住房城乡建设局、市文体广电新闻出版局为主要配合单位，旅游线路扶贫组由市发改委、市交通运输局、市国土资源局为主要配合单位，旅游商品扶贫组由市经信委、市商务粮食局、市农委、市科技局为主要配合单位，旅游就业扶贫组由市人力资源和社会保障局、市教育局、市商务粮食局、市农委为主要配合单位。推进工作组办公室与市扶贫办建立联席会议制度，定期研究解决旅游扶贫工作推进过程中遇到的各种问题。各级各部门根据工作职责成立由主要负责人牵头的相应工作班子，扎实做好旅游扶贫工作。

2. 加强资源整合，建立资金筹措机制

为保障旅游扶贫资金筹措，武陵山片区各州市县建立了多渠道多层次筹措机制。建立旅游扶贫财政专项资金，并确保逐年正常增长；建立政策资金争取激励机制，鼓励各级各部门争取上级旅游扶贫政策、项目和资金支持，对工作突出的部门给予一定工作经费支持；建立和完善旅游产业招商引资奖励机制，落实有关旅游扶贫产业优惠政策机制，做好旅游扶贫项目开发；建立资金整合机制，按照"分头管理、集体研究、突出重点、统筹使用"的原则，整合各种涉旅资金用于扶贫；建立了旅游扶贫资金社会募集机制，多方筹措社会资金，专项用于旅游扶贫；搭建投融资平台，负责统筹乡村旅游基础设施建设。

由于资金筹措机制合理，湘西州旅游扶贫项目建设成效显著。2017年州直成员单位和各县市积极归集项目资金，申报、实施了旅游步道、旅游厕所、旅游标识牌等一批乡村旅游项目。龙山县投入资金达1.2亿元，永顺县、古丈县投入资金超过5000万元，其他县市投入资金均突破1000万元。全州示范推进的19个乡村旅游扶贫重点村项目建设形势喜人。位于坐龙峡村的坐龙峡景区、捞车村的惹巴拉景区、乌龙山村的乌龙山大峡谷景区、老家寨村的老家寨—苗人谷景区成功创建国家3A级旅游景区。惹巴拉管线入地、影视基地、铁索桥、民宿酒店、休闲农业、旅游公路六大工程集中开工建设，概算总投资3.16亿元。全州土家族、苗族生态文化乡村游精品线路建设完成投资3.3亿元，其中土家族生态文化乡村游精品线路建设完成投资2.1亿元，苗族生态文化乡村游精品线路建设完成投资1.2亿元。

由于资金筹措机制合理，湘西州招商引资硕果累累，乡村旅游项目成为社会投资的新宠。4月26日，龙山县政府与消费宝集团正式签约惹巴拉土家影视旅游项目，概算总投资2亿元，规划占地面积100亩。泸溪县引进湘西浦市印象文化投资有限公司投资2200万元在浦市镇银井冲村开发"浦市印象"四季花海项目，占地680亩，4月29日正式开园。吉首市引进湘西龙腾旅游开发有限公司开发建设马颈坳镇檀木村万亩花海，完成投资 7000 余万元，栽种花卉 8000 余亩。花垣县人民政府与华龙旅游实业发展总公司、消费宝（北京）资产管理有限公司签署花垣县十八洞景区旅游开发合作协议，整体开发十八洞村及周边村寨的大十八洞旅游景区，投资总额不低于人民币 6 亿元。古丈县引进湘西州武陵旅游开发有限公司分别在高望界、列溪村开发武陵山片区首家高端高海拔森林康养基地项目和茶旅综合体乡村全域旅游开发项目。

3. 加强激励引导，建立投入奖励机制

为了保障旅游扶贫项目投入效益，武陵山片区各州市县采用行之有效的奖励机制。一是建立旅游基础配套设施投入机制。围绕旅游扶贫产业项目，加大基础设施建设配套投入，做到水、电、路、广播电视、通讯网络、生态环境等公共服务基础设施建设与旅游扶贫产业项目同步投入。二是建立奖励投入机制。按旅游扶贫中与贫困农户的利益关联情况，分产业、分对象、分性质制定出台具体奖扶办法，在其基础设施建设、标准化建设、机械设备、人才引进、技术引进服务等方面采取贴息贷款、产业发展配套、以奖代投的方式扶持。三是建立旅游脱贫奖励机制。对脱贫者采取财政扶贫资金补助、生产直补、以奖代投等方式扶持。

4. 加强责任落实，建立督查考评机制

督查考评机制是落实任务、划分责任的保障，武陵山片区各州市县建立了良好的考评机制。一是建立"领导包片、脱贫销号"制度。将工作任务和脱贫指标层层分解，落实责任，力争每年脱贫销号贫困人口。二是建立部门联动机制。各单位密切配合，共同推动。三是建立工作督查考核机制。实行督查讲评，并纳入绩效考核内容。

二、善用政策，改革引领

用好用活上级有关政策，深化体制机制改革，激活发展的内生动力，是旅游脱贫的基本前提。同时，针对性地制定相关政策，推进农村产权制度、农村经营体制等改革，盘活茶园、水田、山林、旱地、房屋等沉睡资源，优化农村产业结构。积极创新经营管理模式，建立合作社与农民的利益共同体，从而实现农村资源"活"起来、农村要素"动"起来、贫困群众"富"起来。争取政策、吃透政策、用活政策，将政策红利极大化，是武陵山片区推进旅游扶贫的重要经验。

（一）善用基础设施建设扶贫政策推进旅游扶贫

针对武陵山片区基础设施滞后的现状，国务院和湖南省委、省政府出台了交通扶贫、水利扶贫、电力和光伏扶贫、农村危房改造和环境整治、农村"互联网+"扶贫等系列政策与配套措施。

1. 用活交通扶贫政策，全面改善了内外部旅游进出交通

湘西州交通全面进入高速时代，张花、吉茶、吉怀、凤大4条高速公路和龙永高速第一阶段建成通车，实现7个县市通高速公路，通车里程达361公里。完成国省干线公路改造393公里、农村公路硬化6646公里，实现乡乡通水泥路、所有适宜通公路行政村通公路；建成农村客运站110个、传呼站1936个。铜仁凤凰机场扩建竣工运营，武溪深水码头主体工程完工，黔张常铁路、张花高速3条连接线加快建设。成功争取张吉怀客运专线、湘西机场等重大项目落地，2017年实现实质性开工。湘西州为发展乡村旅游，专门立项建设1000公里乡村旅游公路。

2. 用活水利建设扶贫政策，发展水上旅游项目

湘西州2016年完成475座病险水库治理，利用国家治理"五小水利"政策，在全省率先实施"五小水利"工程，大中型灌区续建配套与节水改造有序推进。目前酉水、沅水旅游已启动开发，带动土家探源和神秘苗乡两条精品线沿水岸十数个村寨旅游发展。

3. 用活能源扶持政策，保障乡村旅游发展

湘西自治州花垣竹篙滩、永顺洞潭电站建成发电，为花垣乡村旅游提供电力支撑。永顺羊峰山大青山风电场建设顺利，既成为羊峰山乡村旅游景观，又解决当地电力供应。龙山、保靖、花垣、永顺页岩气勘探开发取得进展。扩建110千伏以上变电站7座，建成2600公里高低压输电线路，完成1732个村农网改造，农网改造率由30%提高到86.7%。铺设天然气管道100余公里，新增天然气用户2.9万户。

4. 用活国家信息化政策，保障乡村旅游通讯

全州固定宽带用户达27.3万户，比"十一五"时期增加8.7万户，

实现乡乡通宽带、村村通电话、城镇 4G 网络全覆盖。"数字湘西"建设有新成效，地理国情普查及新一代网络基础设施升级改造基本完成。与腾讯、长虹、苏宁、阿里巴巴等公司开展战略合作，在全省率先启动"互联网 +"行动计划。

（二）善用土地流转和异地搬扶政策推进旅游扶贫

国家和省市出台了系列精准扶贫的政策，湘西州积极探索精准扶贫对象依靠精准扶贫政策脱贫致富路子。2015 年 9 月，农业部下发《关于积极开发农业多种功能大力促进休闲农业发展的通知》，首次明确农家乐用地政策。利用异地搬迁扶贫补偿政策实施旅游扶贫。凤凰县老洞村舒家塘村、老洞村利用异地扶贫政策，实行旅游产业异地搬迁扶贫。利用土地流转扶贫政策实施旅游扶贫。德夯村是吉首市著名旅游景区，通过引导旅游开发企业和主景区内群众以农村土地、林权、房产等资源，按照现行土地流转或征地撤迁补偿标准，试行"保利而无投票权"的入股模式参与旅游开发。通过技能培训直接安排符合条件的扶贫对象就近从事旅游服务工作，扶持特困群众发展观光农业、特色种养业和农家乐，实现自主创业，稳定脱贫。

（三）善用产业政策推进乡村旅游扶贫

2015 年 2 月，中共中央、国务院《关于加大改革创新力度加快农业现代化建设的若干意见》提出扶持建设一批具有历史、地域、民族特点的特色景观旅游村镇，打造形式多样、特色鲜明的乡村旅游休闲产品。利用这一政策，湘西自治州创建了 10 家乡村旅游示范村、10 家星级农家乐、10 家特色民宿和 10 种特色旅游商品，提高了村民参与乡村旅游的积极性，全州新建的农家乐、特色民宿均达到 50 家以上，研发特色旅游商品 40 多种。花垣县国家级现代农业科技园、花垣县雅桥生态农业园、永顺县高坪万亩山地生态农业示范园、泸溪县武溪镇柑橘标准化栽培示范区 4 个现代农业园和龙山县惹巴拉、凤凰县塘桥 2 个休闲观光农业示范片累计完成投资 7213 万元，接待游客 40 多万人次，实现乡村游收入近 1500 多万元，累计带动农户 1400 多户，近 4000 人，农旅融合的叠加效应逐步凸显。

（四）善用旅游线路建设政策推动沿线旅游乡村扶贫

2011年底旅游局组织编制了《大湘西生态文化旅游圈旅游发展总体规划》，根据规划从2011~2020年，湖南省将投资2000亿元，把大湘西打造成国际知名生态文化旅游高地。2012年10月出台的《湖南省武陵山片区区域发展与扶贫攻坚实施规划（2011-2020年）》明确将提出要深度挖掘、整合旅游资源，促进旅游业与工业、农业、交通、文化、水利、林业等产业的融合发展，将旅游业培育成为带动武陵山片区脱贫致富和社会经济增长的主导产业。2013年5月，湖南省旅游局与张家界市、怀化市和湘西州3个市州联合《推进大湘西文化旅游融合发展合作宣言》发布了大湘西的"奇山异水，人间仙境""神秘湘西，烟雨凤凰""侗家风情，古韵怀化""丹霞之魂，壮美崀山"4条精品线路。2014年12月，省发改委编制《大湘西地区文化生态旅游融合发展精品线路建设实施方案》，提出要围绕能成为独立目的地的核心节点促成景点集群，包括探寻中国土家源，神秘湘西苗家乐等精品线路，实施旅游公共设施的建设。2015年8月，湖南省政府同意《大湘西地区文化生态旅游融合发展精品线路建设总体设计方案》和《大湘西地区文化生态旅游融合发展精品线路建设总体工作方案》，正式启动精品线路建设，提出对精品线路中的公共服务设施建设和重点旅游产业项目，采取以奖代补、先建后补等形式给予支持。

三、释放红利，共享发展

湘西州在贯彻中央"创新、协调、绿色、开放、共享"五大发展理念过程中，紧扣"共享"理念，通过共建共享旅游红利，千万百计促进农户增收，突出了"三大创新"，着力"三个增收"，做活、做大、做深旅游扶贫增收做出了经验。

（一）创新理念，引领全民增收

湘西州委、州政府把州域1.5万平方公里国土作为一个全域生态、全域文化、全域旅游、全域康养的大公园整体规划、建设和管理。州旅游发展和外事侨务委员会组织编制的《湘西自治州乡村旅游发展规划》提出了打造两条乡村旅游精品线路、串联 6 大村寨集群、开发 9 大新型业态、推广 10 大运营模式的全域发展格局。

根据土家族、苗族两条乡村旅游精品线路各自特色和高山峡谷、烽火苗疆、土司遗产、土家源流、酉水画廊、沅水民俗六大村寨集群功能定位，积极引导发展不同档次、不同品位的农家乐、乡村客栈、特色旅游商品等乡村旅游业态，实现优势互补，差异发展。

积极完善政策体系，出台了《关于进一步加快生态文化旅游产业发展的意见》《乡村旅游脱贫工程指导意见》《湘西自治州乡村旅游示范村、星级农家乐、特色民宿、特色旅游商品评定标准》等政策文件，加大扶持力度；州直各单位每年筹集 1 亿元以上资金用于支持生态文化旅游产业发展，整合资金投入乡村旅游基础设施建设，推进旅游公路、农家乐、乡村客栈等和乡村旅游从业人员培训，推动乡村旅游提质升级。州旅游发展和外事侨务委员会组织每年评选 10 个乡村旅游示范村、10 家星级农家乐、10 家乡村客栈、10 种特色旅游商品，给予一定的奖励，并重点进行宣传推介。

按照"保护完好、特色鲜明、交通便利、景区城区依托"的原则，全州确定了 60 个重点保护开发传统古村落及 300 个协调整治特色村寨。永顺县司城村、龙山县捞车村列入国家历史文化名村，18 个村镇列入中国少数民族特色村寨，82 个村列入中国传统村落，60 个村列入国家乡村旅游富民工程，244 个村列入全国乡村旅游扶贫重点村……一个个古村落晋升为"国字号"，一个个特色村寨通过发展乡村旅游焕发了新的生机和活力。全州乡村旅游就业人员达 8 万人，旅游商品开发户达千家，农家乐 800 余家。

（二）创新载体，实现多元增收

湘西州培育以旅促旅载体。依托州内 10 个国家 4A 级景区、11 个 3A 级旅游景区和其他"国字号"景区的丰富旅游资源，利用旅游景区人流量大、交通便捷等区位优势，加大游客服务中心、停车场、旅游厕所等基础设施建设，引导景区周边村寨培育发展农家乐及乡村客栈。

1. 发挥景区辐射作用

全州示范推进河坪村、幸福村、菖蒲塘村、老家寨村、马王溪村、银井冲村、十八洞村、金龙村、芷耳村、夯吉村、黄金村、和平村、毛坪村、列溪村、司城村、双凤村、乌龙山村、捞车河村、六合村19个乡村旅游重点村发展，发展态势良好。位于坐龙峡村的坐龙峡景区、捞车村的惹巴拉景区、乌龙山村的乌龙山大峡谷景区、老家寨村的老家寨—苗人谷景区成功创建国家3A级旅游景区。2016年全州乡村旅游接待游客713万人次，实现旅游收入26.1亿元，带动37174人脱贫。

2. 培育农旅融合载体

加大土地流转力度，建设一批现代农业示范园，发展休闲观光农业。花垣县国家级现代农业科技园、花垣县雅桥生态农业园、永顺县高坪万亩山地生态农业示范园、泸溪县武溪镇柑橘标准化栽培示范区4个现代农业园；龙山县惹巴拉、凤凰县塘桥两个休闲观光农业示范片累计完成投资7213万元，接待游客40多万人次，实现乡村游收入近1500多万元，累计带动农户1400多户，近4000人，农旅融合的叠加效应逐步凸显。同时，大力鼓励建档立卡户发展特色种养殖业，大幅提升农产品价值，在景区、乡村旅游重点村定点设摊，帮助建档立卡户售卖原生态农产品、特色小吃、手工艺品等，依托淘宝、京东、苏宁三大平台湘西馆和旅游电商平台，大力开展"千家万户卖旅游（农特产品）"活动。

3. 培育文旅融合载体

策划举办传统节庆和四季乡村旅游节事等活动，吉首市在河坪村、坪朗村分别举办了"调年节"、苗族四月八节；凤凰县在拉毫村和老洞村分别举办了凤凰乡村旅游节、苗族三月三马兰情人节；永顺县在司城村先后举办了土家过赶年、清明节祭祖、土家族舍巴节活动；龙山县在捞车村先后举办了油菜花土家文化旅游观赏节、土家族舍巴节；花垣县在十八洞村、董马村、卧大召村分别举办了"相约十八洞·牵手奔小康"相亲会、首届农耕民俗文化节、花垣苗族赶秋节；保靖县在黄金村、白合村、吕洞村分别举办了保靖黄金茶采茶节、龙宫苗家酸鱼开坛节、吕洞山苗族原生态文化艺术节；泸溪县举办了狮子山葡萄节。这些活动激活了旅游村寨的发展活力，炒热了乡村旅游市场，吸引了众多游客。

4.培育特色旅游商品载体

开发土家织锦、蜡染、苗绣、银饰、踏虎凿花等非遗旅游工艺品，推动湘西腊肉、龙山大头菜、永顺猕猴桃、泸溪椪柑、古丈毛尖、保靖黄金茶等农副特产与旅游市场的对接，成功打造一批知名的"湘西制造"特色旅游商品品牌。目前，全州销售额达千万元以上的旅游商品企业达20余家。

5.培育乡村旅游招商引资载体

2016年湘西州成功引进了多个乡村旅游开发项目。总投资18亿元的凤凰县西线旅游PPP项目正与湖南华夏投资集团洽谈。4月26日，龙山县政府与消费宝集团正式签约惹巴拉土家影视旅游项目，概算总投资2亿元，规划占地面积100亩。泸溪县引进湘西浦市印象文化投资有限公司投资2200万元在浦市镇银井冲村开发"浦市印象"四季花海项目，占地680亩，4月29日正式开园。吉首市引进湘西龙腾旅游开发有限公司开发建设马颈坳镇檀木村万亩花海，完成投资7000余万元，栽种花卉8000余亩。花垣县人民政府与华龙旅游实业发展总公司、消费宝（北京）资产管理有限公司签署花垣县十八洞景区旅游开发合作协议，整体开发十八洞村及周边村寨的大十八洞旅游景区，投资总额不低于人民币6亿元。古丈县引进湘西州武陵旅游开发有限公司分别在高望界、列溪村开发武陵山片区首家高端高海拔森林康养基地项目和茶旅综合体乡村全域旅游开发项目。

（三）创新管理，带动科学增收

湘西自治州大力推广景区带村型、产业带动型、能人带户型、"合作社＋农户"型、"公司＋农户"型等旅游扶贫模式，全州涌现出一批具有示范引领、典型带动作用的乡村旅游模范县市、典型村寨、经营户和致富带头人。

1.联合开发经营

凤凰县组建了凤凰县城乡民族文化旅游发展有限责任公司，对山江苗族博物馆、早岗、老家寨等20个苗族村寨实施联合开发经营，2015年对外开放了苗人谷景区—苗族博物馆景区、飞水谷景区—营盘寨景区、营盘寨景区—香薰山谷—农家船景区、老家寨景区—《苗寨故事》风情剧4条乡村旅游精品线路，接待游客332万人次，实现旅游收入5.5亿元，门票收入4800万元，从事乡村旅游经营的农民人均收入达到2万元左右，乡村旅游已经成为助农增收、旅游经济发展的新"引擎"。

2. 新业态管理

花垣县十八洞村利用得天独厚的自然景观优势、特色民俗民风、特色建筑等，成立十八洞乡村游苗寨文化传媒有限责任公司，下设游客服务中心，大力发展农家乐、特色民宿、特色旅游商品等乡村旅游业态，实施规范管理，捆绑经营，实行"五统一"管理模式，即统一接团、统一分流、统一结算、统一价格、统一促销，实现村游机构有保障、游客有饭吃、有导游解说、有游道走，将十八洞村打造成为党的群众路线教育实践基地和农家乐、乡村游胜地，节假日和双休日前来旅游休闲观光的游客达数千人以上。形成了以乡村旅游业为核心，以猕猴桃为主的种植业，以湘西黄牛为主的养殖业，以苗绣为主的手工艺加工业，以劳务输出业为支撑的"旅游+"扶贫发展格局。

3. 文化保护与乡村旅游一体化

龙山县捞车河、六合、黎明、树比4个村充分发挥土家民居规模集中、保存完好的优势，大力发展乡村旅游，联合打造惹巴拉乡村旅游品牌，年接待游客达70万人次以上。2016年4月，成功签约惹巴拉土家影视旅游项目；10月12日管线入地、影视基地、铁索桥、民宿酒店、休闲农业、旅游公路六大工程全面开工建设，概算总投资3.16亿元。通过三年的大力建设，有望探索出集土家传统村落保护利用、土家文化传承、乡村旅游开发于一体的精准扶贫新模式，带动苗儿滩镇、洗车河镇、靛房镇、农车镇、洛塔乡5个乡镇3.98万贫困人口脱贫致富。

4. 特色旅游品牌营销管理

保靖县吕洞山五行苗寨深入挖掘苗族文化内涵，大力实施乡村旅游+精准扶贫战略，先后策划举办了"新春走基层·直播吕洞山"、吕洞山苗族原生态文化艺术节等民族节庆活动，炒热旅游市场，吸引游客观光，2015年吕洞山接待游客达53万人次。同时，着力开发"保靖黄金茶"、民族特色饮食等一系列旅游商品，打造万亩连片油菜旅游观光基地，发展农家乐、特色民宿300多户，带动上千人脱贫致富。形成了黄金茶种植、乡村旅游服务两大特色支柱产业，拥有黄金茶基地千亩以上，成功培育出以苗家酸鱼、酸肉、百虫宴、百家饭为主打的特色农家乐品牌，乡村旅游已成为五行苗寨群众致富的增长点。

5. 乡村能人带动管理

坪朗豆腐河溪醋，坪朗豆腐领头人石清香被誉为"豆腐西施"，她开办的石氏豆腐坊向本村及周边村100多户农户收购青皮黄豆，解决建档立卡贫困户20多名村民在石氏豆腐坊及乡巴佬厨房就业，人均年增收15000元左右。随着整个矮寨旅游业的快速发展，她还计划在坪朗村修建具有生产、加工、包装、体验、展示、休闲等多功能于一体豆腐作坊，将直接解决50多名村民的就业问题，带动200多名村民脱贫致富。吉首市矮寨镇坪朗村致富带头人石清香、龙山县洗车河镇牙龙湾村主任田邦文入选全国"能人带户"旅游扶贫示范项目入选全国旅游扶贫示范项目。

第六章 武陵山片区旅游扶贫问题及对策

一、武陵山片区旅游扶贫存在的主要问题

武陵山片区旅游扶贫取得了巨大成效，但长期以来，由于基础条件差，贫困程度深，产业底子薄，投融资难度大，各种观念和市场开放程度不高，推进旅游扶贫过程中，存在以下有待进一步完善的问题。

（一）旅游扶贫参与主体缺位，发展后劲乏力

1. 村民参与主体缺位

随着新型城镇化推进，县镇人口流向省市级城市，乡村人口流向县镇是武陵山片区大趋势。目前武陵山片区乡村"三留两空"问题十分严重，青壮男女大多外出务工，村里只剩留守儿童、留守老人、留守妇女；空心村、空巢老人。村民是乡村旅游开发的主要承担主体、执行主体、参与主体，是乡村旅游赖以发展的人力资源基础。农村空心化，缺乏青壮劳力，农事体验、文体表演、节庆活动等许多乡村旅游项目就无法开展，风俗文化和乡村生活也不能自然呈现或主动表演，严重削弱了乡村旅游开发价值。由于空心村现象严重，许多村镇举办旅游活动，只有请专业演员表演，当地农户参与度低，背离了发展乡村旅游初衷。

2. 旅游投融资主体单一

当前旅游扶贫，大多数县市还是政府主导投资，旅游扶贫基本上以财政投入为主，社会资本参与程度不高，缺乏战略投资商开发乡村旅游，制约了乡村旅游做大做强。大部分乡村旅游重点村尚未建立乡村旅游股份制公司或乡村旅游发展专业合作社，市场化程度低。相关

旅游投融资政策不完善，政府在旅游投资中依然占据着主导地位，且规模小。相关专业化旅游投资企业、旅游投资发展基金、私募基金等旅游融资方式匮乏。旅游融资渠道狭窄，乡村旅游扶贫难以获得持续、充足的资金保障。调动和激发村民、村集体、合作社、民营企业、旅游企业等主体的投资积极性不够，还没有形成投资主体多样化的良性格局。由于投资开发机制没理顺，村民个人—村集体—政府—企业开发商利益协调不均衡，造成乡村旅游产权冲突与纠纷，这种矛盾在贵州铜仁、重庆的秀山和酉阳、湘西的德夯和凤凰的许多苗寨都发生过，严重时还引发个别群体事件。在乡村旅游扶贫开发中，政府的责任主要是基础设施建设和公共服务，如何引导农民自主开发，或与村民、村集体充分协商，进行招商引资，合作开发是必须面对和解决的难题。

3.经营主体和模式单一

目前乡村旅游经营者多为个体或者村集体，实行最为简单的经营方式，既缺乏专业人才又缺乏先进管理手段，经营效益不高。在模式上多为外来投资人投资开发，社区居民被边缘化，出现"旅游飞地"现象。乡村旅游的实际经营主体大多是以招商引资的方式吸引进来的外来经营者，造成乡村旅游的利益分配流向城市和外地，利益留在乡村的少，当地村民实际得到的收入很少，使得当地村民对发展乡村旅游的积极性不高，甚至部分村民持反对态度。

（二）资源分散，品牌缺名，同质化开发严重

1.村寨体量小，旅游集群开发难度大

武陵山片区受地质地貌影响，自然村落体量不大，许多行政村是由一些星罗棋布的小寨子组合而成，村寨小而分散，彼此间相距较远，甚至有许多单家独户。湘西州重点发展乡村旅游的 44 个行政村中，自然村寨的户数最多不过百户，人口最多不过千人。村寨空间体量小、缺乏视觉冲击力、无法引起心灵震撼，是开发实施乡村旅游扶贫的主要缺陷。如何针对人口居住分散不集中、村寨体量过小的现状，放开思路，将个体很小的村寨在空间上进行集群打造、连片打造，是推进乡村旅游扶贫的重要难题。

2. 缺乏精典乡村旅游品牌

以湘西州为例，凤凰许多苗寨，大多依托凤凰古城旅游，没有形成独立乡村旅游经典村寨品牌，游客只知凤凰古城，不知凤凰苗、凤凰勾良苗寨号称苗歌之乡，进寨却根本见不到苗歌氛围，特色很不突出。吉首德夯苗寨品牌一枝独秀，其他真正进入旅游市场化运作的村寨凤毛麟角。民族文化品牌泛化散化，泸溪县表现最为突出，泸溪推出多种文化类型，有沅水文化、盘瓠文化、辛文女化、屈原文化、古商镇文化、军事古堡文化、瓦乡文化、沈从文名人文化等，不在某一核心点上聚焦。各县市在打造民族文化品牌时，只强调品类繁多，不经过筛选，不作取舍，分散泛化不集中，没重点，无亮点，无法让人形成深刻印象，极不利于集中打造旅游品牌。

3. 同质化开发严重，缺乏集成与整合

武陵山片区乡村生态文化资源优势虽然突出，但同质化严重、相似程度高，差异化发展难度大，在乡村旅游产品开发上，形成低水平重复的恶性竞争。湖南大湘西片区与周边的湖北恩施、重庆渝东南、贵州铜仁在土家族和苗族主体文化资源与产品开发竞争十分激烈。就是同地区，如苗鼓、上刀山、下油锅等民族绝技，花垣、吉首、凤凰各县竞争激烈。乡村旅游项目开发雷同较多，多集中开发休闲农业和观光农业等旅游产品，对乡村文化资源和民风民俗资源的开发重视不够。乡村旅游开发过分地依赖农业资源，缺乏文化内涵，地域特色文化不突出，存在乡村旅游产品雷同多，缺少特色产品，整体接待水平偏低，配套设施不完善等现象。州市县乡村旅游缺乏集成与整合，没有从大武陵片区乡村旅游一盘棋的角度谋划线路，同一县市设计的乡村旅游点都不在一条线上，极少考虑与其他周边县市对接，基本是封闭发展。很多县市缺乡村旅游专业开发方法，干劲与干法不协调，做乡村旅游热情高涨，干劲十足，但思路欠缺，方法单一，简单、粗糙、重复开发。

4. 产品开发初级，综合效益不高

武陵山片区乡村旅游产品开发依然停留在以"观光游"为主的产品结构阶段，缺乏度假游、养生游、自驾游等"深度游"产品。个别地方不顾旅游市场整体形象和利益，"近距离模仿、小范围雷同"，粗制滥造开发了一批档次不高、品质低级的旅游产品，难以有效满足不断变化的市场需求，无法形成旅游品牌。旅游产品创新和结构调整迫在眉睫。

（三）乡村原生态文化急需在旅游扶贫开发中加强保护

习总书记多次指示发展乡村旅游，要体现尊重自然、顺应自然、天人合一的理念，依托现有山水脉络等独特风光，融入大自然，"望得见山、看得见水、记得住乡愁"。

1. 传统村寨的古建筑急需通过旅游扶贫加以保护

随着现代化、城镇化的推进，村民外出打工、进城经商、发展农林牧副渔和养殖等产业实现致富以后，改善居住条件的愿望更加迫切。湘西州古丈县老司岩村被列入第一批中国传统村落，众多古建筑属土木结构，由于年代久远缺乏维修，10 多栋古建筑破损严重，有的局部坍塌；龙山县凉风村修建多栋现代建筑；保靖县首八峒村、沙湾村、陇木村大量村民外出打工和进城经商，不少老宅多年无人居住，腐朽垮塌现象严重；花垣县板栗村被列入第一批中国传统村落，近年修建高速公路村民获得补偿后，建了几十栋二三层楼的小洋房，传统村落风貌丢失；花垣县磨老村修建现代小洋房达 48 栋，传统民居只剩 70 多栋；凤凰县老洞村新修现代建筑 20 多栋，有几栋新修房子建在古村中心位置，体量大、楼层高、色彩艳，严重破坏古村风貌；泸溪县岩门古堡寨被大量的现代建筑包围，成为一座"孤岛"。全州原生态民族建筑和传统村落不断损毁，民族特色淡化消失趋势加剧。

2. 传统村寨的原生态环境急需通过旅游扶贫加以保护

武陵山区许多村寨在旅游扶贫过程中，按传统景区景点的方式规划建设，修建现代化的停车场、游客中心、水泥路、标准化标识牌，村寨城镇化打造，导致千镇一面、万村一面的不良效果。

3. 传统村寨的文化氛围急需通过旅游扶贫加以保护

武陵山片区许多发展乡村旅游致富的村寨，加快了与外部社会交往节奏，不再穿着民族服装，不再交流民族语言，不再热衷民族节庆，不再传承民族手工艺术，不再欢唱民族歌舞，乡村生活逐渐城市化、乡村民俗逐渐趋同化，失去了民族特色和旅游价值，急需通过旅游扶贫，强化乡村文化氛围的保护。

（四）旅游扶贫的基础设施和产业支撑仍然薄弱

1.外部立体交通大通畅与区内循环不流畅问题很突出

武陵山片区目前机场、高铁、城际铁路、高速铁路、旅游公路等重大项目先后实施完工，基本构建了立体交通大体系，但是进村一公里、进镇十公里的"内循环"不流畅问题十分突出，传统土家族苗族村寨大多地处偏远，旅游可进入性较差。虽然大多数村寨都修通了公路并实现了硬化，但基本是简易的通乡通村公路连接，道路标准低，路况差，连会车都比较困难，没有形成旅游环线，进出走回头路，不适应旅游开发要求。

2.旅游基础设施十分欠缺

乡村游基础设施十分不完善，水、电、手机网络、乡村厕所、游客服务中心、旅游停车场、景区游道、标识牌等旅游基础设施和公共服务设施建设仍然滞后。旅游景区建设、智慧旅游、旅游信息咨询服务等方面建设依然薄弱，旅游交通、游客中心、旅游厕所等基础和配套设施建设严重不足。以湘西州为例，除了龙山县惹巴拉、古丈县张家坡村建有停车场，其他的村寨都没有高标准的游客服务中心和停车场，景区（点）标识系统、旅游厕所等旅游配套设施的建设更无从谈起，无法留住游客。夯吾苗寨旅游停车场过于狭小，旅游大巴停靠困难，存在安全隐患；凤凰县早岗苗寨、古丈县墨戎苗寨的旅游停车场虽基本能够满足需要，但都没有硬化处理，档次很低。全州没有一家乡村旅游厕所达标，部分景区甚至没有公厕。

3.产业特色尚无法有效支撑旅游扶贫

乡村有很多特色产业，但都不强。产业规模小、市场小、抗风险力弱，无法支撑乡村旅游发展，尚待通过乡村旅游来提升产业发展。湘西州的旅游食品及餐饮，如酸辣系列、野菜、野味系列、酒、茶、醋系列，缺少与乡村旅游进行有机对接，没有把特色餐饮产业转为强势餐饮产业。湘西丰富的乡村旅游资源还没有得到充分的开发与利用，产品质量低，市场成熟度弱，产品开发与当地的乡村文化内涵联系不紧密，开发设计较少依赖于乡村有形的自然资源、乡土文化、乡村民俗等无形文化遗产的利用，盲从和简单效仿，产品乡土特色不明显，技术含量低、形式单一、档次不清晰、雷同度高，缺乏市场竞争力，不能满足旅游者多层次、多样化的休闲旅游需求。村民的市场信息不对称，无力准确定位市场需求和细分乡村旅游市场，难以形成区域内的产业链。

（五）旅游扶贫协调推进机制仍然有待完善

1. 多头管理缺统一

现有体制下，旅游扶贫发展涉及的管理部门有旅游、农业、林业、国土、环保、文化等，部门之间还没有一个有效的协同治理机制，呈现"多龙治水"格局，急待多规合一。旅游管理体制存在条块分割、多头管理、决策分散以及行业监督力度不强等问题。资源整合力度不够，尚未形成科学的旅游投资管理机制，导致旅游开发基本处于低门槛粗放经营阶段，未形成旅游扶贫"一盘棋"发展意识。旅游主管部门管理机构和管理制度不健全，人员编制少，高水平旅游管理人才缺乏。与旅游大产业要求的管理体系和职能不相适应，旅游业发展后劲不足。

2. 产权管理缺明晰

乡村旅游资源的特殊性主要表现在私有产权与公共利益的混杂，难于清晰界定，房产为村民私有，土地为集体所有，大部分土地、林地已经实行承包责任制，私人管理。产权管理缺陷导致村民为求短期利益侵害公共利益行为不时发生。

3. 制度管理缺持续

乡村旅游扶贫发展仍然缺有效的投融资管理，缺完善的基础设施建设，缺有力的生态文化保护，缺专业化的高水平规划开发，缺科学完整的配套制度，缺有力有效的市场与品牌营销，缺高效的有活力的公司化运作。"一放就乱，一管就死"，有些县市将乡村旅游经营权收回之后，游客量萎缩，形成了终点又回到起点的不良循环。

4. 项目资金需整合

绝大多数乡村旅游村寨的水、电、路等基础设施滞后，需要大量的资金投入。武陵山片区市州本级财力不足，只能起到引导带动作用，完成带动脱贫目标任务难度大。大部分县市整合统筹整合使用财政涉农资金对乡村旅游无专门规定，缺乏制度保障，还需进一步明确整合资金使用方式，投入乡村旅游脱贫工程。

5. 政策支持需配套

农家乐、特色民宿等乡村旅游业态一次性投入大，在没有配套的政策支持下，大部分村民尤其是建档立卡贫困户难以参与。需进一步完善小额贷款、资金支持等政策，引导、鼓励和吸引村民参与乡村旅游。

二、武陵山片区进一步推进旅游扶贫对策

针对旅游扶贫过程中存在的相关问题，要进一步解放思想，开放观念，找准对标，迎难而上，积极作为，主动作为，对策对路，措施得力，进一步提升旅游发展对扶贫的综合贡献度和绩效。

（一）搞好顶层设计，建立多元协同的旅游扶贫推进机制

针对旅游扶贫的协调推进机制仍有待完善的问题提出以下对策。

1. 整合发展，多规合一

乡村旅游扶贫开发要尽快整合实施多规合一，将美丽乡村建设、民族传统村寨保护、旅游村寨建设、非物质文化遗产保护、国土整理、特色民居保护、基本农田保护、防灾、水利电力和网络基础设施建设等，实施多规合一，才能整合项目、整合资金，整合事项、整合管理，才能形成合力，产生旅游扶贫的项目。在实施项目过程中，才能加快进度，围绕旅游保证质量，取得综合效益。

2. 项目兴旅，实干兴旅

加强项目建设引导。遵循全域规划、全域整治和重点建设的理念，推进规划思路化、规划项目化和项目资金化。规划要尊重自然美、侧重现代美、重视个性美、构建整体美，尤其要做好特色示范村寨的基础设施、景点创意、民居保护、游道改造、村寨绿化和特色产业等专项规划的协同性。通过规划对农家乐和乡村旅游项目的选址、设计、经营等方面进行规范，达到生态环境优化、文化创新、土地集约利用

和公共服务提升的目的。

3.部门协作、合力推动

实施精准扶贫，是中央和省委的重大决策部署和重要工作任务。全力推进乡村旅游精准扶贫，将精准扶贫的产业发展、基础设施、教育培训等工作与乡村旅游无缝对接，将精准扶贫、特色民居保护、民族村寨建设、生态村建设、美丽乡村建设、村镇棚户区改造、风情小镇建设、非物质文化遗产保护、城乡同建同治等工程和项目，按乡村旅游的标准进行规范和整合，进行规划、资金、市场、人员整合，合力打造特色村寨旅游。搞好部门分工协作，发展改革部门负责指导协调重点村交通体系发展，支持重点村及周边重点景区基础设施建设；旅游部门负责重点村的旅游规划引导、公共服务设施建设、宣传推广、人才培训、市场监管以及跟踪统计工作；环保部门指导重点村环境综合整治工作；住房城乡建设部门负责重点村的规划设计工作，协调利用农村危房改造、特色景观旅游村镇和传统村落及民居保护等项目资金，支持重点村改造建设；农业部门负责协调重点村的特色农产品开发和指导休闲农业发展及观光体验、教育展示、文化传承等设施建设；林业部门要结合职能，发挥资源管理优势，指导周边景区生态保护与开发，打造精品景区；扶贫办负责协调利用专项扶贫资金和扶贫小额信贷，支持重点村建档立卡贫困户参与乡村旅游项目；文广新局及电视台等媒体部门，负责湘西州文化的研究、保护、开发、利用、宣传工作；交通部门负责乡村游重点村的交通设施改造升级工作；土地管理部门负责重点村的土地流转工作；各级政府办公室负责协调电力、电信、网络、铁路、高速、机场等部门工作，强化各大乡村游重点村的基础设施。

（二）村寨集群开发，品牌统一营销，打造差异特色

针对武陵山片区村寨多零散分布、村庄规模体量小、旅游开发同质化恶性竞争，重复建设的问题，提出以下措施。

1.村寨集中连片开发

一是建设集中连片村寨群。在推进乡村旅游扶贫过程中，要跨区域协作、联合发展，将分布零散但有类同文化底蕴、生态环境的村寨进行集中连片整合，协作共享，打造大园林型乡村旅游目的地。湘西州建设"高山峡谷村寨群、烽火苗疆村寨群、秦简土家村寨群、土家土司村寨群、酉水画廊村寨群、沅水民俗村寨群"六大村寨群，解决零散分布、村庄规模体量小的问题。二是建设多元立体廊道线。湘西州每个县市规划建设范性徒步行绿道、自行车骑行绿道、自驾游绿道，将六大村寨群内外进行联接。在沅水和酉水及支流择地开辟游艇、画舫、快艇、竹筏等工具的水上游道。条件成熟时，在白云山、腊尔山、吕洞山、八面山、高峰坡、高望界等高山台地开辟直升机临空旅游走廊。水陆空游道种植四季花卉果木，以土家、苗族民族文化元素的标识标牌和壁画装饰，形成湘西特色的生态文化景观大廊道，让在乡村行进的路线成为旅游景观产品。

2.品牌统一营销，打造差异特色

省、市、州、县、镇、村旅游品牌协同一致，避免品牌分散，各自为政，营销效率不高的问题。实施乡村旅游精品营销行动，打造乡村旅游精品景点，以农业资源、乡村生态资源、民俗文化资源、历史文化资源等为依托，打破农业与第三产业的界限，推动农文融合，打造适应市场需求的现代农业观光游、乡村生活体验游、乡村民俗风情游等乡村旅游精品。实施乡村旅游服务示范点创建工程。通过"百千万工程""3521工程""全国农业旅游示范点""星级农村旅馆"等创建活动，提升乡村旅游示范点的产品品质和知名度。积极打造乡村游文化品牌。要根据各个村的民间文化、民情民俗，挖掘各个村的文化特色，尤其是要高水准打造节庆活动，并做好前期的准备工作，保证节庆活动举办的可持续性，提高村寨旅游的传播效率，提高知名度和影响力。

（三）建立多层次的旅游扶贫融资体系

针对旅游扶贫投融资主体单一政府唱独角戏的现状，要大力招商引资，拓展融资渠道，集聚乡村旅游发展资金。采取政府投资、部门投资争取政策支持资金等方式广泛吸纳资金，并出台优惠政策激活民间资本参与乡村旅游项目建设。通过资源转资本、资本转证券的融资方式，组建乡村旅游投资公司（旅游投），适度利用政府融资平台，利用PPP融资模式，推动乡村旅游公共服务项目投资。

1.PPP 模式推进旅游扶贫基础设施建设

PPP 即英文 Public—Private—Partnership 的字母缩写，PPP 模式是指政府与私人组织之间，为了建设基础设施或是提供某种公共物品和服务，以特许权协议为基础，并通过合同来明确双方的权利和义务，重庆"十二五"规划期间大力推进 PPP 模式进行基础建设取得突出成效。吉首要大力启动 PPP 模式，推动乡村旅游基础设施建设。

2. 旅游扶贫小额信贷

旅游扶贫小额信贷这一模式有良好的政策和资金基础。乡村旅游发展项目并非动辄成千上亿元，大量的微小型精品项目有待开发，为发展乡村旅游的发展留下了市场蓝海。而对于当地村民而言，借助旅游扶贫小额信贷，发展农家乐、采摘园、乡村民宿、民俗风情表演等项目，可实现真正意义上的"就地致富"。

3. 农业众筹

近年来，农业众筹的兴起为乡村创业者提供了一种筹措资金的新方式。此模式借助互联网，特别是移动互联网社群的联合，根据订单决定生产，使广大创业者能够抱团发展，互通有无，消除因过多中间环节的耗损。这恰巧是目前乡村旅游发展所急缺的。此种方式可为乡村旅游项目的开发、农特产的营销推广、乡村旅游产品的经营管理搭建一条真正意义上的高效之路。

4. 项目资产证券化

乡村旅游热的到来，急需大量的投资项目作为牵引推动。因此，必须改变发展观念，和项目投资商一起，积极推动"资源—资产—资本—证券"的逐步转化，为乡村旅游的项目发展募集到最大量的资金，解决乡村游发展的资本"瓶颈"。

（四）善用政策，深化改革，突破旅游扶贫的制约"瓶颈"

针对旅游扶贫的土地、产权、项目管理方面的一些制约"瓶颈"，要深入研究既有政策，积极争取新的政策，用活政策，坚守法律法规底线的同时，深化改革，创新工作思路，破解制约"瓶颈"。

1. 用活乡村旅游土地使用政策

乡村旅游项目建设用地，可以通过招标、拍卖、挂牌的方式获得土地使用权，收取的土地出让金，可用于该项目的基础设施建设。鼓励各种资本形式在荒山、荒坡、荒滩进行乡村旅游开发，支持农民在自己承包的果园、林地、田地等地依法依规开展劳作体验、食宿接待等乡村旅游项目的开发建设。创新土地流转方式。在不违反国家法律法规的前提条件下，大胆采用方式灵活的农村土地流转方式，推动乡村旅游项目建设。将按照"土地确权、两权（所有权和使用权）分离、价值显化、市场运作、利益共享"方针，依据土地有偿使用原则，农业用地和建设用地使用权，实行有偿有期限流转制度。大力推进乡村旅游用地规模化、集约化发展。在自愿、依法、有偿的前提下，进一步完善农村土地使用权流转机制，引导土地向业主集中，改变传统的分散经营模式。农业用地在土地承包期限内，可以通过转包、转让、入股、合作、租赁、互换等方式出让承包权，鼓励农民将承包的土地向专业大户、合作农场和农业园区流转，发展农业规模经营。集体建设用地，可通过土地使用权的合作、入股、联营、转换等方式进行流转，鼓励集体建设用地向城镇和工业园区集中。激活农村宅基地资源。根据农民意愿，在满足农民居住自用的基础上，引导将多余产权房入股规模型产权式乡村旅游住宿设施，开展乡村旅游经营活动。按照统一规划、集中建设、节约集约的要求，在保证农民生产生活方便的前提下，鼓励合理利用农村空置房、宅基地和集体建设用地发展乡村旅游；农民以土地权益入股参与旅游。在土地流转的过程中，注重合同管理，由村集体、农民和开发商签订"三方协议"。三方协议保证土地集体所有，农民享有承包权的性质，保证村民除得到土地租金外，同时获得土地增值收益。农民以土地入股时，协议中必须明确规定土地入股的利益分配方式，确保农民利益得到最大的满足。

2. 配套旅游扶贫系列政策

落实投资、消费、土地、税收、科技、扶贫、贷款、创业等扶持政策，争取在资金、政策、人才、信息、宣传、招商等各个方面给予企业、农户大力支持。投资优惠政策包括鼓励利用荒山、荒坡、荒滩或村内空闲地进行乡村旅游开发，村民或其他经营户可采取租用的办法使用土地。在开发乡村旅游上，减征和免征土地使用费、耕地占用税、工商登记费、个体工商管理费以及行政事业性收费等。税收优惠政策对新办独立核算乡村旅游企业，自开业之日起，经税务机关批准可减征或免征所得税三年。对经旅游主管部门规划论证批准兴建的乡村旅游景区、景点，建议降低税率征收固定资产投资方向调节税。大力促进兴办合资、合作和独资乡村旅游企业，在用好国家规定的吸引外资优惠政策的同时，可以适当放宽政策，给予更大优惠。同时可以对接待入境旅游旅行社的结汇，参照工业企业出口退税办法，按一定比例提成奖励。科技扶持政策要加大对乡村旅游的科技扶持，纳入全州相关科技发展与支持计划，享受相关扶持政策。

（五）定规立制，强力保护乡村原生态文化

针对发展旅游产业过程中，乡村生态文化受到破坏的现状，要着力于保护乡村独特的乡村自然与文化景观，统筹协调，多管齐下，综合治理，制定实施乡规民约，规范乡村旅游行为。

1. 加强对村落传统建筑格局和原有的风貌的保护

不得擅自迁移、拆除、损坏老屋老宅，但要拆除与传统风貌不协调的新房屋和门面装修，恢复传统房屋的风貌；对古迹、老屋、老宅的维修、修复、重建必须按原有风貌进行施工，对原有建筑物和构筑物区分不同情况，采取保护、保留、整治、更新等措施；保护原有房屋结构、建筑构件、建造工艺和材料；对老屋、老宅的修缮和重建必须经由村委会批准。

2. 加强对新建建筑物的控制和审批管理

在村落保护范围内，严禁修建与景观相冲突的建筑；严格控制建筑布局和建筑密度，控制新建建筑物和构筑物的使用性质、高度、体量、色彩等，使新建房舍与传统房舍建筑，在风格和材料色彩上相协调，使新区建设与旧区保护在用地布局和外空间关系上相协调，新建房舍必须经由村委会批准。

3. 加强对乡村景观协调性的统一管理

村委会对村内公用设施设置、村落及周边的广告、商业标志、路标、街道装饰的管理统一负责，力求使其与周边的环境相协调，与乡村风格保持一致；使一级公路、村路、游憩通道、临街房屋和院落具有观赏性，遮挡临街的房屋，在不适于旅游者接触和观看的场所外设

立围墙（篱笆），进行粉刷。

4. 加强对老屋老宅及空闲置房的保护、利用和管理

村委会监督老屋、老宅的所有权人按照要求，对老屋、老宅的维护和修缮；老屋、老宅有损毁危险，且所有权人不具备修缮能力的，由村委会上报当地人民政府采取措施进行保护。迁出民俗旅游村或长期不在村内居住的居民，与村委会协议将自有但无人看护的老屋、老宅辟为旅游设施，避免因长期搁置不用，保护不善而损毁。

5. 加强对村内非物质文化遗产的保护和开发

村委会负责并号召村民加强对乡村民间文化的收集，整理、研究与利用，继承和弘扬优秀的民族传统文化与代表传统文化精髓的家族文化；传承、弘扬乡土文化艺术，传统文化艺术、民俗活动、传统歌舞、传统戏曲、传统工艺、传统节日活动、非文字记载的民风民俗和其他非物质文化遗产。经营地方小吃和传统工艺品；积极进行民间工艺品的生产、交易、收藏和展示活动；避免引入与本地乡村文化保护相冲突的商业娱乐活动。

（六）建立"能人推动、村民参与、创客引领"的旅游扶贫市场机制

针对旅游扶贫经营主体单一、经营模式单一的问题，建立"乡村能人推动、本地村民参与乡村创客引领"，以市场主体为核心，大力鼓励村民自主经营，同时要鼓励产业大户独立承包开发、大户联合开发、村集体自主开发、建立乡村旅游合作社等形式开发乡村旅游。可通过转包、转让、入股、合作、租赁等方式组建股份公司合作开发，或者卖断经营权，独立开发。重视引进大型旅游集团，培育本地旅游企业。大力推进旅游项目建设，通过引进旅游大企业集团，学习其先进的管理技术和管理方式，支持其产业链条延伸和产品创新。重视对本地企业的培育，特别是要强化金融支持，促进企业发展。注重"村民能手 + 乡村创客"，以点带面，借助产业、文化、科技、创新等各领域人才的智慧，壮大乡村旅游发展的人才队伍，推动农业专业合作社、农业联合协会、乡村创客基地等组织的建立，以期做到乡村旅游的全域化、特色化、精品化发展。

1. 乡村能人推动

村民能手作为乡村旅游发展的核心要素之一，其是否具有极强的

市场分析、村民组织、产品运营等能力，直接影响着该村乡村旅游发展的进程速度，如凤凰山江苗寨旅游的飞速发展就是得益于当地精英能手的组织带动。必须要明确乡村能人在旅游开发中的核心推动作用，鼓励乡村能人以市场机制，成长为乡村旅游开发的核心。

2. 本地村民参与

乡村游是实施扶贫开发的重要平台，必须要发动居民参与，鼓励百姓进行乡村旅游创业活动；发展指标要与居民的经济效益结合起来，构建管理制度和机制保障居民受益。

3. 乡村创客引领

从在乡村旅游中萌发的国家农业公园、休闲农牧场、乡村运动营地、乡村庄园、艺术村、市民农园、高科技农园、乡村民宿、农家乐、文化创意农园等新业态来看，以艺术家、建筑师、规划师等专业人士甚至是在华生活的"老外"为主的"乡村创客"群体已成为发展乡村旅游的新生主力，特别是在乡村旅游的发展创意和视觉呈现上有着不可取代的作用。

4. 灵活运用多种运营模式

村集体产业实力比较强的村寨可以直接采取以合作社为核心的开发模式，具体形式包括合作社＋农户、政府＋合作社＋农户、外部公司＋合作社＋农户等；村集体产业比较薄弱，则可以采取以外部（本村）投资者为主的模式，具体形式包括公司制、股份制、政府＋公司＋农户、个体农庄等模式；作为旅游目的地的村寨，可以成立以旅游协会（公司）为核心的模式，具体形式包括政府＋公司＋农村旅游协会＋旅行社模式等。

（七）内强外引，创新创业，提升旅游扶贫绩效

针对旅游扶贫村民参与主体缺位，旅游扶贫绩效不佳的现实，提出以下建议。

1. 发挥村镇基层党建设引领作用

强化基层党建工作，吸收本地致富能人和带头人充实到基层党组织中，支持和壮大基层党组织的战斗堡垒作用。重点要扶持基层党建精英的模范带头作用，构建科学的运营机制，推动村支两委开发本乡

本村乡村旅游项目。乡村能人要予以重视保护，防止乡村能人流失。

2. 扶持和吸引本地本籍精英人才

针对乡村空心化严重的问题，要发动村寨产业大户、返乡农民工精英、本地出生的政商学界能人等本地乡村旅游能人投资乡村旅游项目。一方面要强化情感沟通，激发成功人士的乡村情节；另一方面，要出台和切实落实乡村旅游投资的相关优惠政策，为其在基础设施建设、征地拆迁、招工等方面提供支持与帮助，使乡村旅游项目能够切实地发挥作用。可以考虑将公共资源以较低的价格承租给乡村能人开发乡村休闲度假项目。同时，要深化旅游企业劳动用工和收入分配制度改革，完善旅游从业人员社会保障体系；及时了解旅游专业人才的需求和心理状态，为其提供发展空间与机遇，使他们深信在贫困地区也能实现自我价值。

3. 借助外部高级专业运营人才智慧

高度重视乡村游思想理念建设，经常邀请国内外经济、文化、旅游、社会工作等专家学者讲学，解放思想，统一意志，坚定乡村游信念。通过创新合作模式，提供优惠条件，引进先进的旅游管理公司和管理人才，为乡村旅游人才队伍注入新血液。根据乡村旅游发展趋势、乡村旅游的特点及研究需要，聘请一批民族民间文化研究专家作为顾问；引进国内外知名酒店管理集团、旅游营销策划机构、旅游院校和旅行社的高层次人才，从事乡村旅游一线管理工作。

4. 大力实施旅游扶贫创新创业行动

将乡村旅游作为全市创新创业大舞台，重点支持农村产业能人、返乡农民工、大中专院校毕业生、留学回国人员、回归创业人员、科研院校及企事业单位科技人员、退伍军人、城镇失业人员、就业困难人员及其他具有创业能力和相应民事行为能力的自然人，以及广大有识之士到农村去开发乡村旅游，创新创业。同时，要大力招引州内外成功企业家、投资集团、百强企业、大型私企、大型国企、上市公司、旅游产业集团开发乡村旅游。政府向从事乡村旅游的个人和团体，提供优惠贷款和补贴，特别要加大面向农户和中小旅游企业的小额信用贷款额度和联保贷款规模，贷款实行利率优惠政策。

一是设立乡村旅游创业引导基金。设立乡村旅游投资引导基金和配套基金，并根据旅游收入增长情况每年度（或隔年度）相应增加旅游专项基金的数额，重点用于基础设施、资源环境保护，以及规划、培训等公共服务，对重点项目给予贷款贴息或补贴。同时，要积极向上争取国家旅游发展专项资金、国家扶贫专项资金和湖南省旅游发展专项资金，用于重大乡村旅游项目的建设。一方面，要支持乡村能人创办农家乐和小微型乡村旅游企业；另一方面，要强化产业融合引导，支持其他经济组织，特别是农村经济组织和专业合作经济组织积极投资乡村旅游项目。

二是打造乡村旅游创业服务平台。鼓励多种渠道引入社会资本发展乡村旅游，充分利用现有的乡村旅游资源基础，大力推进乡村旅游创业基地建设，构建良好的创业平台。建立乡村旅游开放式创业信息资源库，设立州、县市两级乡村旅游创业服务网站和短信服务平台，各级开发区、主要媒体、人力资源市场、专利交易市场开设创业服务专栏，相关部门、社团组织、公共服务机构、社区服务平台设立创业服务热线，为创业者免费提供创业就业政策和信息服务。

三是加强乡村旅游创业培训工作。乡村旅游人才培训要争取与教育、农业、人社、民政等部门人才培训规划对口合作，分级分类开展管理人才培训、专业技术人才培训、旅游从业人员培训等，重点要对乡镇干部、旅游产业带头人、经营户进行发展乡村旅游的培训，提供专业学习机会，更新发展理念。高度重视乡村旅游人才队伍建设，依托吉首大学和州内党校、职业技术学校、学院等教育机构，采取"走出去、请进来"的办法，分期分批抓好区县分管领导和乡镇、村组干部以及旅游从业人员的专业知识教育和技能培训，提高他们发展乡村旅游的组织、指导、管理和服务水平。加强旅游窗口行业单位建设，分级分层次抓好景区（点）、星级饭店、车站、交通运输、娱乐购物等窗口单位从业人员的技能培训和外语口语培训。抓好市场促销、会展管理等人才的专业培训，培养一支专业性、知识性和实战性强的旅游营销队伍。

附　录

附表 1　　　　　　　　　"十二五"时期以来主要旅游扶贫政策

文件名	文号	发布时间	主要内容
中国农村扶贫开发纲要（2011-2020 年）	中发〔2011〕10 号	2011 年 5 月	专项扶贫之"产业扶贫"。"充分发挥贫困地区生态环境和自然资源优势，推广先进实用技术，培植壮大特色支柱产业，大力推进旅游扶贫"
关于创新机制扎实推进农村扶贫开发工作的意见	中办发〔2013〕25 号	2013 年 12 月	乡村旅游扶贫工作。加强贫困地区旅游资源调查，围绕美丽乡村建设，依托贫困地区优势旅游资源，发挥精品景区的辐射作用，带动农户脱贫致富。统筹考虑贫困地区旅游资源情况，在研究编制全国重点旅游区生态旅游发展规划时，对贫困乡村旅游发展给予重点支持。结合交通基础设施建设、农村危房改造、农村环境综合整治、生态搬迁、游牧民定居、特色景观旅游村镇、历史文化名村名镇和传统村落及民居保护等项目建设，加大政策、资金扶持力度，促进休闲农业和乡村旅游业发展
国务院关于促进旅游业改革发展的若干意见	国发〔2014〕31 号	2014 年 8 月	大力发展乡村旅游。加强乡村旅游精准扶贫，扎实推进乡村旅游富民工程，带动贫困地区脱贫致富

文件名	文号	发布时间	主要内容
中共中央国务院关于打赢脱贫攻坚战的决定	中发〔2015〕34号	2015年11月	发展特色产业脱贫。依托贫困地区特有的自然人文资源，深入实施乡村旅游扶贫工程
国务院办公厅关于进一步促进旅游投资和消费的若干意见	国办发〔2015〕62号	2015年8月	大力推进乡村旅游扶贫。加大对乡村旅游扶贫重点村的规划指导、专业培训、宣传推广力度，组织开展乡村旅游规划扶贫公益活动，对建档立卡贫困村实施整村扶持，2015年抓好560个建档立卡贫困村乡村旅游扶贫试点工作。到2020年，全国每年通过乡村旅游带动200万农村贫困人口脱贫致富；扶持6000个旅游扶贫重点村开展乡村旅游，实现每个重点村乡村旅游年经营收入达到100万元
"十三五"旅游业发展规划	国发〔2016〕70号	2016年12月	实施乡村旅游扶贫工程。实施乡村旅游扶贫重点村环境整治行动；开展旅游规划扶贫公益行动；实施旅游扶贫电商行动；开展万企万村帮扶行动；实施金融支持旅游扶贫行动；实施旅游扶贫带头人培训行动；启动旅游扶贫观测点计划
"十三五"脱贫攻坚规划	国发〔2016〕64号	2016年11月	将"旅游扶贫"列为产业发展脱贫的第二大形式，内容涉及"因地制宜发展乡村旅游""大力发展休闲农业""积极发展特色文化旅游"等，并提出"旅游基础设施提升工程""乡村旅游产品建设工程""休闲农业和乡村旅游提升工程""森林旅游扶贫工程""乡村旅游后备箱工程""乡村旅游扶贫培训宣传工程"六大旅游扶贫工程

附表 2　　　2015 年武陵山片区贫困村旅游扶贫试点工作试点村名单

省（自治区、直辖市）	县（市、区）	行政村名
湖南省 （全省共14个，片区占12个）	凤凰县（1）	麻冲乡老洞村
	花垣县（1）	排碧乡十八洞村
	保靖县（1）	夯沙乡夯沙村
	古丈县（1）	默戎镇毛坪村
	邵阳县（1）	金江乡金江村
	新宁县（1）	回龙镇双狮村
	溆浦县（1）	葛竹坪镇山背村
	靖州县（1）	寨牙乡岩脚村
	沅陵县（1）	借母溪乡借母溪村
	新化县（1）	水车镇正龙村
	慈利县（1）	三官寺土家族乡罗潭村
	永定区（1）	沙堤乡板坪村
贵州省 （全省共38个，片区占10个）	德江县（2）	泉口镇天池村、合兴镇朝阳村
	思南县（1）	板桥镇郝家湾村
	松桃县（1）	乌罗镇冷家坝村（原桃花源村）
	印江县（1）	永义乡大园址村（原团龙村）
	石阡县（1）	坪山乡佛顶山村
	江口县（1）	怒溪镇河口村（原两河口村）
	沿河县（1）	沙子镇十二盘村
	道真县（1）	洛龙镇大塘村
	湄潭县（1）	抄乐乡落花屯村
湖北省 （全省共10个，片区占4个）	长阳县（1）	榔坪镇关口垭村
	秭归县（1）	茅坪镇罗家村
	恩施市（1）	沐抚办事处营上村
	建始县（1）	高坪镇石门村

省（自治区、直辖市）	县（市、区）	行政村名
重庆市 （全市共5个，片区占4个）	黔江区（1）	小南海镇新建村
	丰都县（1）	高家镇方斗山村
	秀山县（1）	涌洞乡楠木村
	彭水县（1）	鞍子镇新式村

附表3　　　**武陵山片区71县市区旅游综合收入与旅游人次数据**

省份	县域	旅游综合收入（亿元）			旅游人次（万人次）		
		2011年	2014年	2016年	2011年	2014年	2016年
湖北	秭归县	10.32	61.5	70.13	241.24	705.7	725
	长阳县	12.76	40.53	58.3	226.20	500.4	702
	五峰县	2.69	11.48	21.22	100.00	190	242
	恩施市	30.50	76.13	115.07	466.05	1100.41	1354
	利川市	17.52	38.6	59.26	430.16	732.5	1000
	建始县	3.37	10.51	18.87	64.69	168	265
	巴东县	17.15	31.35	45.37	340.00	484	652.5
	宣恩县	1.83	3.7582	6.248	58.34	87.76	141.02
	咸丰县	12.29	28.95	40	175.89	365	500
	来凤县	1.47	4.9041	10.56	54.07	105	152
	鹤峰县	1.92	4.3253	4.2	68.74	98.5	100
湖南	新邵县	0.33	0.7	19.8	52.00	115	310
	邵阳县	0.53	8.98	9.23	40.00	23.15	86
	隆回县	3.48	7.45	9.389	56.00	105.2	136
	洞口县	1.37	4.74	6.8	19.08	113	186
	绥宁县	1.81	2.1279	9.15	29.10	68.1	165.3
	新宁县	20.11	44.56	59.1	235.00	578	783.9
	城步县	2.60	4.68	5.85	39.00	70.8	88.3
	武冈市	2.58	5.372	6.67	52.40	104.2	138.9
	石门县	2.14	43.2	58.5	51.00	435	541
	永定区	80.52	147.85	288.4	1012.00	1663.56	2845.1
	武陵源	65.79	65.26	102.02	1711.30	1539.8	2286.04
	慈利县	11.70	20.82	30.81	202.00	155	567.34
	桑植县	9.25	14.75	21.92	206.14	325.76	444.68
	安化县	7.60	7.9	12	150.50	151.6	230

省份	县域	旅游综合收入（亿元）			旅游人次（万人次）		
		2011 年	2014 年	2016 年	2011 年	2014 年	2016 年
湖南	鹤城区	3.61	16.3	18.2	100.20	148.6	208.5
	中方县	1.76	3.3885	4.5	51.00	75.3	90
	沅陵县	8.80	13.2	16.86	180.50	270.5	336.5
	辰溪县	0.67	6.78	8.67	65.00	86.2	92
	溆浦县	0.98	6.82	11.23	59.00	172	325
	会同县	0.28	1.14	1.78	8.31	25.11	98.5
	麻阳县	0.21	0.71	1.4095	12.90	45.6	93.7
	新晃县	0.19	0.96	1.26	13.20	55.6	86.5
	芷江县	8.30	21.12	24.1	251.20		481.8
	靖州县	1.66	3.2	5.2	53.80	100	210.5
	通道县	4.70	8.6	18.4	78.50	167	347
	洪江市	3.54	8.26	11.08	99.60	252	138
	新化县	17.10	68.28	106.53	321.00	968.2	1467.21
	冷水江	7.12	15.8	24.32	112.10	180	248.3
	涟源市	9.67	43.5	65	136.68	521	780
	吉首市	17.92	58.8	85	332.50	905	1163
	泸溪县	0.34	2.47	4.9	62.10	82.3	128
	凤凰县	44.31	80.98	115	600.14	903.61	1376.23
	花垣县	0.68	4.76	6.9	53.60	190.55	248
	保靖县	0.61	2.45	4	14.00	85.29	124
	古丈县	2.10	4.06	7.9	52.70	130.13	200
	永顺县	8.05	13.29	26.21	195.90	341.4	510.51
	龙山县	2.06	8.37	15	90.80	180.64	280
重庆	黔江区	8.06	19.19	33.73	253.99	535.96	829.47
	丰都县	2.85	26.52	51.23	450.00	830	1102.3
	武隆县	37.71	56.6448	75.162	1329.00	1908	2450
	石柱县	15.25	26.11	34.15	305.11	522	683
	秀山县	3.00	8.398	18.83	81.00	207.34	406.13
	酉阳县	8.34	25.01	46	261.00	700.02	1019.34
	彭水县	5.00	33.5	74.82	220.00	1042	1718

省份	县域	旅游综合收入（亿元）			旅游人次（万人次）		
		2011 年	2014 年	2016 年	2011 年	2014 年	2016 年
贵州	正安县	2.49	4.21	7.83	46.46	60	99.03
	道真县	0.09	4.53	8.25	43.60	72	122.49
	务川县	0.76	5.38	10.72	86.60	120.3	170.47
	凤冈县	9.32	20.36	36.54	195.13	330.43	532.97
	湄潭县	4.49	9.16	17.42	83.68	164.7	289.02
	余庆县	3.60	10.86	19.59	68.17	165.83	294.59
	碧江区	24.88	42.97	80.06	285.40	465.26	815.78
	江口县	14.54	36.14	54.82	225.60	430	779.02
	玉屏县	9.12	12.69	23.98	125.60	213	367.83
	石阡县	10.05	19.15	35.55	156.60	230	420.61
	思南县	8.21	16.87	32.82	98.60	225	415.31
	印江县	9.67	24.82	38.19	108.90	302.39	465.23
	德江县	2.12	5.71	10.45	118.96	260.05	223.51
	沿河县	5.65	17.67	32	165.30	257	442.36
	松桃县	12.32	19.92	37.37	166.90	285.1	452.2
	万山区	1.21	2.2	4.62	22.40	43.5	73.25

注：由于数据缺失，故表部分数据为推算。

后　记

　　2017 年 10 月召开的中共十九大报告提出要实施乡村振兴战略，坚决打赢脱贫攻坚战，旅游扶贫作为实现持续脱贫的重要方式得到广泛的关注。武陵山片区作为中国面积最大的连片特困区，旅游资源异常丰富，具有开展旅游扶贫的绝佳条件和基础，旅游扶贫已经成为片区脱贫致富的重要方式。当前，武陵山片区的旅游扶贫工作虽有不足，但成绩巨大，其经验亟须总结和提炼，并加以推广。

　　据此，湘西土家族苗族自治州委托吉首大学旅游扶贫研究团队就武陵山片区的旅游扶贫成效、案例和经验进行系统总结和提炼，并形成研究报告。2017 年 9 月 18 日，湘西州举办了 2017 武陵山旅游发展高峰论坛，吉首大学副校长李定珍教授在会上发布了《武陵山片区旅游扶贫发展报告（总报告）》。该报告从旅游产业发展现状、旅游扶贫成效、旅游扶贫做法、旅游扶贫主要经验、旅游扶贫存在的问题、进一步推进旅游扶贫的建议六个方面对武陵山片区旅游扶贫发展做了深入分析和高度把握，阐发了用"美"来改变贫困的旅游扶贫理念，提出了建立多元协同的旅游扶贫推进机制、铸造特色村寨集的旅游扶贫差异品牌、建立多层次的旅游扶贫融资体系、壮大多样化的旅游扶贫开发队伍、创新提升多层级的旅游扶贫管理水平的发展建议。

　　《武陵山片区旅游扶贫发展报告》一书应该说是研究报告工作的延续。本书以武陵山片区的旅游资源分布以及旅游产业发展基本情况为基础，分析武陵山片区旅游产业的减贫效应，总结旅游扶贫的典型案例和主要经验，并针对存在的问题提出了对策。本书期望能对武陵山片区旅游扶贫工作的实绩做出客观、公正的评价，为全国旅游扶贫工作的顺利开展与实施提供经验依据和决策参考。

总报告及本书是吉首大学旅游扶贫研究团队成员共同努力的成果。吉首大学党委书记游俊教授和副校长李定珍教授为总报告的负责人。本书各章的主要执笔人：前言，蔡建刚博士；第一章武陵山片区旅游扶贫发展概况，李定珍教授、张琰飞副教授、鲁明勇教授；第二章武陵山片区旅游产业发展现状，张琰飞副教授；第三章武陵山片区旅游减贫效应分析，丁建军教授；第四章武陵山片区旅游扶贫典型案例，张琰飞副教授；第五章武陵山片区旅游扶贫的主要经验，鲁明勇教授；第六章武陵山片区旅游扶贫问题及对策，鲁明勇教授。李定珍、张琰飞、鲁明勇、丁建军等确定了全书的基本框架，李定珍、张琰飞负责全书的统稿和修改工作。

本书是国家自然科学基金项目（武陵山片区企业参与乡村旅游精准扶贫的绩效提升机制研究，71663018）的阶段性成果，也是武陵山片区扶贫与发展协同创新中心、湖南省西部经济研究基地、湖南省民族经济研究基地、吉首大学应用经济学湖南省重点学科的重要成果。

本书的完成我们要感谢湘西州委、州政府在课题研究中提供的大力支持，特别是州政府研室、州旅游发展和外事侨务委员会的帮助。我们要感谢湘西州的李平副州长、刘新民副州长的大力支持，特别是刘新民副州长对总报告提出了大量的宝贵建议。感谢湘西州政府副秘书长、办公室副主任州政府研究室主任骆邦建的大力支持和帮助。感谢湘西州旅游发展和外事侨务委员会的时荣芬书记、高湘文主任、欧四清副主任和刘红玉副主任等领导的大力支持和付出的劳动，感谢王银等主任工作人员的辛苦工作。

我们要感谢吉首大学党委书记游俊教授的大力支持和帮助；我们要感谢吉首大学武陵山文创中心主任、中国乡村旅游研究院院长、吉首大学原正校级督导张建永教授给予的真挚帮助。感谢吉首大学社科处吴晓副处长在本书撰写过程中的有力支持和帮助，并做了大量的具体衔接工作。感谢吴雄周副教授、李峰博士在总报告撰写中的辛苦工作。感谢王星欣、周书应、陆薇等研究生在数据和资料搜集中所做的大量工作。

我们要感谢吉首大学商学院、吉首大学旅游与管理工程学院、吉首大学中国乡村旅游研究院、吉首大学社科处等学院和部门的大力支持。

同时，我们要感谢邵阳旅游局、铜仁旅游局、遵义旅游局、重庆武陵山片区各县旅游局的大力支持，为研究提供了大量的数据和案例资料。

本书的撰写中也得到了经济科学出版社的大力支持，编辑老师的认真负责让我们感动，在此一并表示感谢。

作者

2017 年 12 月于吉首大学